초 5~6

와작 비문학

2호

행복한 논술 편집부 엮음

머리말

지침서와 주제 연계 도서 목록은 출판사의 홈페이지(www.niefather.com) 자료실에 있습니다.

대학수학능력시험(이하 수능)의 국어 영역 비문학이 갈수록 까다로워지고 있습니다. 대학의 당락을 좌우하고, 삶의 갈림길을 만든다고 해도 지나치지 않습니다.

비문학을 어렵게 출제하는 까닭은 수능 전체의 변별력을 확보하려면 어쩔 수 없는 선택으로 보입니다. 영어가 절대 평가로 전환된 데다, 수학은 난도가 너무 높으면 수포자를 양산하고 사교육을 부추긴다는 지탄을 받기 때문이지요. 게다가 국어에서 비문학의 난도가 낮고 융복합적 사고력을 평가하는 문제가 없을 경우 문과 학생들이 유리해지는 형평성 논란이 생길 수 있습니다. 4차 산업 혁명에서 요구하는 능력도 문이과를 넘나드는 입체적인 사고력입니다.

문제는 비문학 지문을 벼락치기로 해결하기 어렵다는 것입니다. 초등학교 때부터 교과와 관련된 다양한 분야의 책을 읽어서 기본 개념과 전문 용어를 익혀야 짧은 시간에 긴 지문을 읽어 낼 수 있습니다.

수능 국어는 16쪽에 걸쳐 45문제가 출제됩니다. 글자 수만 띄어쓰기를 포함해 3만 6000자가 넘습니다. 200자 원고지로 180장 분량인데, 80분 안에 풀어야 합니다. 1분에 450자를 독파해야 하는 엄청난 속도입니다. 그러니 평소에 읽는 훈련이 부족하면 감당하기 어렵습니다.

어떤 학부모님들은 의학 지문이 킬러 문항으로 나오면, 그때부터 의대생에게 비싼 돈을 주고 과외를 시키기도 합니다. 그렇다고 다음번 수능에 의학 지문이 거푸 출제되지는 않습니다. 땜질식으로 처방하면 결국 시간과 돈만 낭비하는 꼴이지요.

비문학 지문을 뜯어보면 지문 안에 이미 답이 있습니다. 복잡한 공식을 모른다고 풀지 못할 문제는 아닙니다. 다만 과학이든 경제든 재빨리 읽고 이해하는 능력과 논리적 사고력이 발휘되어야 합니다.

문제는 비문학에 대비하기 위해 호흡이 긴 책들을 무턱대고 읽으면 지치고

싫증이 날 수 있습니다. 따라서 각 영역의 기본 지식을 압축해 공부하면서 독해력과 논리력을 자연스럽게 기를 수 있는 입문서가 필요합니다.

시중에는 다양한 영역을 넘나들면서 학생들의 눈높이에 맞춰 균질한 지식을 제공할 수 있는 교재가 잘 보이지 않습니다. 이러한 교재가 나오려면 수많은 전문가가 머리를 맞대고 숙의하는 과정을 거쳐야 하기 때문입니다.

『와작 비문학』 시리즈는 수능 비문학의 고민을 해결해 줄 수 있는 입문서라고 할 수 있습니다. 초등학교 5~6학년, 중학교 1~2학년, 고등학교 1학년용 등 3수준 각 2권으로 구성됩니다. 수준별로 수능이 요구하는 자연과학과 사회과학의 세부 영역을 40개 주제로 압축해 20개씩 2권에 나누어 담았습니다. 각각의 주제는 산지식을 공부할 수 있게 되도록 최근 시사와 연계했습니다. 3개의 지문을 읽고 7문제를 푸는 형식인데, 모두 서술형입니다. 학교 시험에서 출제하는 서술형 문제에도 대비하도록 한 것입니다. 각 문제는 독해력과 논리력을 향상시키는 데 집중했습니다. 중학생용부터는 마지막 7번 문항에 본문 1쪽 분량을 200~250자로 요약하는 문제를 냈습니다. 순식간에 요지를 파악하는 훈련을 하도록 만든 장치입니다.

교재 말미에는 예시 답안을 충실히 제시했습니다. 그리고 주제를 심화시켜 공부하려는 학생들을 위해 관련 도서를 엄선해 본사 홈페이지(www.niefather.com) 자료실에 올렸습니다. 혼자 공부하기 어려운 학생들을 가르치는 교사를 위한 지침서도 만들어 함께 탑재했습니다.

지금 초등학교 5~6학년이 수능 시험을 볼 때는 현행 수능처럼 배경 지식을 평가하는 객관식과 논리력을 평가하는 논술 시험 가운데 하나를 선택하거나, 두 가지를 함께 평가하는 체제로 바뀔 수 있습니다. 모쪼록 이 교재를 공부하면서 수능에 자신감을 가지고 4차 산업 혁명 시대가 요구하는 인재로 거듭나기를 소망합니다.

행복한 논술 편집부

차례

자연과학

01. 풍력 발전 어떻게 이뤄지나　9
- 풍력 발전이란 무엇인가 • 풍력 발전기의 전기 생산 과정
- 풍력 발전의 장단점

02. 용암 동굴이란 무엇일까　17
- 용암 동굴의 개념 • 용암 동굴이 만들어지는 과정
- 제주 용암 동굴의 특징

03. 영구 동토층이 녹으면 어떻게 될까　25
- 영구 동토층은 어떻게 만들어졌나 • 영구 동토층에는 어떤 생물이 살까
- 사람 살 땅 늘지만 온실가스 대량 방출

04. 세상을 바꾼 발명품 화약 무기　33
- 중국에서 7세기에 화약 무기 처음 발명 • 최무선이 우리나라 최초 화약 무기 만들어
- 전쟁 규모 커지고 사상자 크게 늘어

05. 동물은 의사 소통을 어떻게 할까　41
- 소리를 이용하는 방법 • 냄새나 빛으로 알리기
- 몸짓 통해 의사 전달하기

06. 동물과 식물의 차이점　49
- 생물과 무생물의 분류 • 동물의 특징
- 식물의 특징

07. 발효와 부패　57
- 발효와 부패의 차이 • 발효를 활용한 식품
- 발효를 활용한 기술

08. 붉은불개미가 정착하면 어떻게 될까   65

- 어떤 곤충인가   • 정착하면 어떤 피해 일으킬까
- 어떻게 퇴치하고 있나

09. 고래와 지구 온난화   73

- 육지에서 살다가 바다로 간 포유동물   • 멸종 위기에 놓인 고래
- 고래 마구 잡아 지구 온난화 부추겨

10. 전염병 옮기는 모기를 박멸하면 좋을까   81

- 모기는 어떤 곤충인가   • 모기를 박멸하면 좋은 점
- 모기를 박멸하면 나쁜 점

사회과학

11. 민주주의란 무엇인가   89

- 민주주의 시작과 발전   • 직접민주주의와 대의민주주의
- 민주주의 지키는 선거의 4가지 원칙

12. 우리나라 화폐의 발달   97

- 삼국 시대에는 쌀과 베를 화폐로 사용   • 고려 때 처음 나와 조선 시대에 널리 사용
- 현대에는 신용 카드와 전자 화폐로 바뀌고 있어

13. 소득이 많으면 왜 세금을 더 낼까   105

- 세금을 왜 내야 할까   • 세금 어디에 어떻게 쓰이나
- 재산이 많으면 세금을 많이 내는 까닭

14. 동물 학대 논란에 휩싸인 소싸움 　　　　　　　　　113
- 2000년 전 시작된 민속놀이 　• 전문가가 싸움소 체계적으로 훈련시켜
- 권장할 전통 놀이냐, 없애야 할 동물 학대냐

15. 마야 문명은 왜 멸망했을까 　　　　　　　　　　　121
- 기원전 3000년 무렵 인류 최초 문명 시작 　• 문자 사용하고 건축과 천문학 발달
- 오랜 가뭄 때문에 식량 전쟁 벌어져 멸망

16. 조선은 왜 한양을 수도로 정했나 　　　　　　　　　129
- 도읍의 지리적 특징 　• 강을 끼고 평야 발달
- 유교 정신 바탕으로 설계한 계획 도시

17. 세계문화유산이 된 빛의 축제 '연등회' 　　　　　　137
- 등불 밝히고 부처에게 복 비는 행사 　• 삼국 시대부터 이어진 전통
- 세계가 인정한 인류의 소중한 축제로 발전

18. 불의 사용과 인류 문명의 발전 　　　　　　　　　　145
- 인류의 수명을 연장시키다 　• 우리나라는 어떻게 불을 만들었나
- 인류의 산업 발달 도와

19. 문화 다양성 왜 인정해야 할까 　　　　　　　　　　153
- 문화란 무엇인가 　• 문화를 대하는 여러 태도
- 문화가 다양한 까닭

20. 백성들은 왜 『박씨부인전』에 열광했을까 　　　　　　161
- 못생겼다고 구박해도 자기 일을 하다 　• 차별 당하던 여인이 나라를 구하다
- 남성과 지배층을 통쾌하게 비판하다

예시 답안 　　　　　　　　　　　　　　　　　　　169

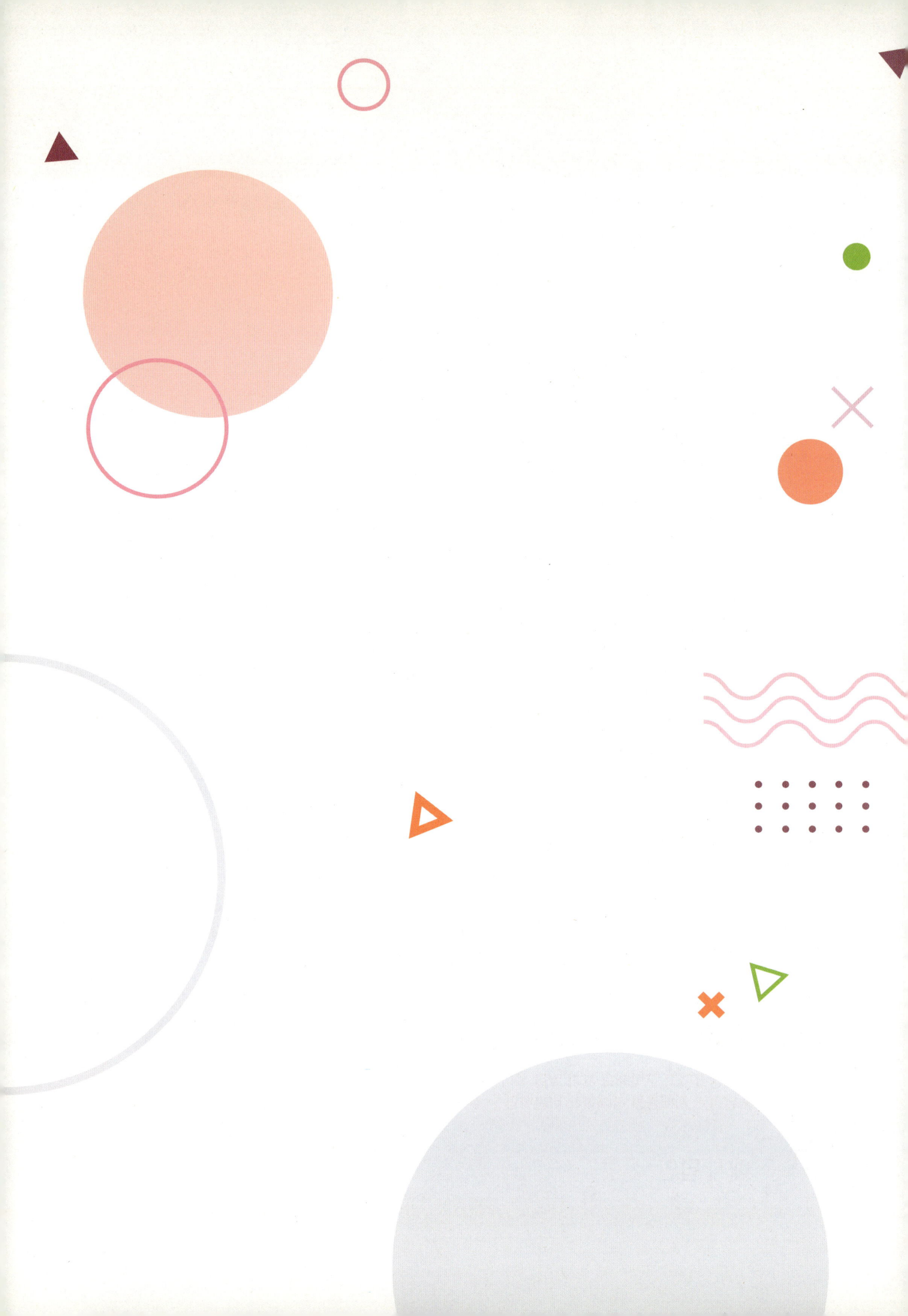

풍력 발전 어떻게 이뤄지나

▲풍력 발전은 바람의 힘을 이용해 전기를 얻는 방식이다.

　세계 여러 나라는 친환경 에너지를 개발해 이산화탄소 등 온실가스를 줄이기 위해 노력하고 있습니다. 인류가 기후 변화로 생존에 위협을 받기 때문이지요. 풍력 발전은 바람의 힘을 이용해 전기를 만들어서 온실가스를 배출하지 않습니다. 그런데 발전기가 돌아갈 때 소음을 일으킵니다. 풍력 발전의 장단점을 공부합니다.

풍력 발전이란 무엇인가

에너지는 빛이나 열, 전기 등의 형태로 존재한다. 에너지는 모습을 바꾸면서 보존되는데, 새로 만들어지거나 사라지지는 않는다.

공기의 이동으로 일어나는 바람은 에너지를 가지고 있다. 인류는 옛날부터 바람 에너지를 이용할 줄 알았다. 배에 돛을 달아 바람의 힘으로 바다를 항해했다. 또 풍차를 이용해 물을 퍼 올리거나 그 힘으로 밀 등 곡식을 빻았다.

▲인류는 오래전부터 바람의 힘을 이용해 풍차를 돌려 밀 등 곡식을 빻았다.

풍력 발전은 바람의 힘을 이용해 전기를 얻는다. 바람이 세고 발전기의 날개가 길수록 더 많은 전기를 생산할 수 있다. 따라서 풍력 발전기는 바람이 많이 부는 육지나 얕은 바다에 세워진다. 최근에는 장소의 제약을 덜 받는 바다 위 하늘에 발전기를 띄워 설치하기도 한다.

풍력 발전기 1대는 700가구가 1년간 쓸 수 있는 전기를 생산한다. 우리나라에서는 2018년 현재 풍력 발전을 이용해 전체 생산 전력 가운데 0.4%(2465GWh)를 생산한다. 그런데 2050년까지 10%(128.8TWh)까지 늘린다는 목표를 세웠다. 기후 변화의 원인이 되는 이산화탄소의 배출을 줄이고, 화석 연료의 고갈에 대비해 에너지 자립을 이뤄야 하기 때문이다.

이런 뜻 이에요

GWh 기가와트시(10억 와트시). 와트는 1초 동안에 소비하는 전력 에너지를 말한다.
TWh 테라와트시(1조 와트시).

풍력 발전기의 전기 생산 과정

풍력 발전기는 타워와 회전 날개, 증속기, 발전기로 구성된다. 타워는 이러한 것들을 떠받치는 기둥인데, 강철로 만든다. 또 바람의 저항을 줄이기 위해 원기둥 모양으로 세운다. 회전 날개는 3개로 이뤄져 있다. 길이는 50~120m, 날개 하나의 무게는 10~25톤(1톤은 1000kg)에 달한

▲풍력 발전기의 증속기와 발전기가 들어 있는 장치를 옮기는 모습.

다. 가볍고 튼튼해야 하기 때문에 탄소 섬유를 여러 겹 붙여 만드는데, 속은 비어 있다. 증속기와 발전기는 하나의 통 안에 들어 있다.

풍력 발전은 바람의 운동 에너지를 전기 에너지로 바꾸는 발전 방식이다. 바람이 불면 회전 날개가 돌아간다. 이때 증속기는 회전 속도를 높여 발전기에서 전기가 생산될 수 있도록 돕는다. 발전기에서 전기가 만들어지려면 1초에 60번을 회전해야 하는데, 바람의 힘만으로는 부족하기 때문이다.

바람은 계절에 따라 세기나 방향이 바뀐다. 그래서 발전 장치 통 뒤에 풍속계와 풍향계를 달아 바람의 방향과 속도를 감지한다. 바람 정보는 발전 장치의 통 안에 설치된 컴퓨터로 전달한다. 그럼 회전 날개의 방향과 각도가 조절되며 더 많은 전기를 생산할 수 있다.

이런 뜻이에요

탄소 섬유 탄소가 92% 이상 들어간 섬유. 무게는 철의 4분의 1이지만 강도는 10배나 더 강하다.

풍력 발전의 장단점

풍력 발전은 친환경 에너지를 생산하는 기술이다. 다른 연료를 전혀 소비하지 않고, 온실가스도 배출하지 않기 때문이다. 쓰레기나 폐기물도 적게 나온다. 이에 비해 석탄을 태워 전기를 얻는 화력 발전은 이산화탄소와 미세 먼지를 많이 배출해 기후 변화를 일으키고, 사람의 건강도 위협한다.

▲주민들이 풍력 발전기에서 생기는 소음 때문에 고통을 호소하고 있다.

원자력 발전 등 다른 발전 시설보다 설치 기간이 짧고, 비용도 적게 먹힌다. 에너지원인 바람도 끊임없이 제공된다. 그리고 어디든지 바람이 부는 곳이라면 소규모로 전기를 생산할 수 있다.

문제는 1년 내내 바람이 부는 곳을 찾기가 어렵다는 데 있다. 회전 날개가 돌면서 생기는 소음도 주변에 해를 끼친다. 새나 박쥐 등 날짐승의 생명도 위협한다. 미국에서는 1년에 30~50만 마리의 새가 풍력 발전기의 회전 날개에 부딪혀 죽는다. 전력 생산이 안정적이지 않은 점도 문제다. 태풍 등 바람이 너무 세게 불면 발전을 멈춰야 한다. 바람의 세기를 이기지 못해 날개가 부서질 수 있기 때문이다. 날개가 빨리 돌면서 생기는 마찰열로 화재가 일어나기도 한다. 보수 비용이 많이 들어서 고장 난 채 방치되는 발전기가 많다.

생각이 쏙

1 옛날 사람들이 바람의 힘을 어떻게 이용했는지 예를 들어 보세요.

▲돛단배는 바람의 힘으로 간다.

2 우리나라가 풍력 발전을 늘리려는 까닭을 말해 보세요.

머리에 쏙쏙

탄소 중립과 신재생 에너지

지난 2020년 우리나라는 2050년에 탄소 중립을 이룬다고 선언했습니다. 탄소 중립이란 인간의 활동으로 배출되는 이산화탄소의 양과 지구의 숲 등이 흡수하는 양이 균형을 이뤄 실질적인 배출량이 없는 상태를 말합니다.

이산화탄소를 줄이지 않으면 기후 변화로 생태계가 파괴되고, 인류의 삶이 위협을 당합니다. 따라서 온실가스의 배출을 최대한 억제하고, 배출된 온실가스는 숲을 복원해 흡수량을 늘리거나 기술을 개발해 없애야 합니다.

석유나 석탄 등 화석 연료의 사용을 줄이고, 바람이나 태양, 물 등 고갈되지 않는 에너지원을 개발해 전기를 생산하는 까닭입니다.

3 풍력 발전이 친환경 에너지를 생산하는 기술인 까닭을 설명하세요.

▲풍력 발전은 온실가스를 배출하지 않는다.

> 생각이 쑥쑥

4 풍력을 이용해 전기를 생산하는 과정을 간략하게 이야기해 보세요.

5 풍력 발전기의 날개와 전기 생산량의 관계를 정리하세요.

▲미국의 한 기업은 날개 길이가 107m에 이르는 풍력 발전기를 개발했는데, 1만 6000가구에 전기를 공급할 수 있다.

> 💡 머리에 쏘옥

풍력 발전기의 날개가 세 개인 까닭

▲날개가 많을수록 전기의 생산량은 증가하지만, 타워가 무게를 지탱하기 어렵다.

날개가 두 개인 풍력 발전기의 전기 생산량은 날개가 세 개인 발전기와 같습니다. 그런데 비용을 더 들여 세 개를 달지요. 날개가 두 개일 때보다 안정성이 강하기 때문입니다.

그런데 날개를 더 늘리면 바람을 받는 면적이 커져서 전기의 생산량도 늘어납니다. 하지만 타워가 날개의 무게를 지탱하지 못하고 꺾일 수 있습니다. 그래서 개수를 늘리지 못합니다.

이에 비해 날개의 길이가 길수록 발전량은 증가합니다. 따라서 날개의 숫자는 늘리지 않지만, 길이를 늘리려고 노력합니다.

6 날짐승들이 풍력 발전기의 날개에 부딪혀 죽지 않게 막을 수 있는 아이디어를 제시하세요.

▲풍력 발전기의 회전 날개에 색을 칠하면 새가 멀리서도 볼 수 있다.

머리에 쏘옥

기후 변화와 화석 연료의 사용

지구 온난화는 지구의 평균 기온이 갈수록 높아지는 현상입니다. 대기층에 이산화탄소나 메테인 등 온실가스가 증가하면서 우주로 빠져나가야 할 열을 붙잡아 두기 때문입니다.

온실가스는 석탄과 석유 등 화석 연료를 태울 때 주로 발생합니다. 이에 비해 풍력 발전의 에너지원인 바람은 온실가스를 배출하지 않고, 고갈되지도 않습니다.

우리나라뿐 아니라 세계 여러 나라가 화석 연료의 사용을 줄이고, 풍력을 이용한 발전에 투자하는 이유가 여기에 있습니다.

▲화력 발전을 하면 이산화탄소와 매연이 나온다.

7 기후 변화와 관련지어 소음 때문에 풍력 발전을 하지 말아야 한다는 사람들을 설득해 보세요.

용암 동굴이란 무엇일까

▲제주도 만장굴의 모습. 동굴의 내부에 용암이 흐를 때 만들어진 자국이 남아 있다.

　용암 동굴은 화산 활동의 결과로 만들어집니다. 우리나라에서는 제주도에서만 볼 수 있지요. 만장굴 등 제주 용암 동굴은 2007년 세계자연유산에 올랐어요. 동굴의 모습이 아름답고, 학문적으로도 연구할 가치가 크기 때문이랍니다. 용암 동굴이 무엇인지 알아보고 용암 동굴이 만들어진 과정과 제주 용암 동굴의 특징을 탐구합니다.

용암 동굴의 개념

용암 동굴은 화산이 폭발할 때 용암이 지표면으로 흘러내리면서 그 속에 만들어진 자연 동굴이다. 따라서 용암 동굴은 화산이 폭발한 때와 거의 같은 시기에 만들어진다. 대개 바닥이 평평하고 천장은 둥글다.

용암 동굴은 지구뿐 아니라 화성이나 달에서도 발견된다. 달에

▲용암 동굴은 대개 바닥이 평평하고 천장은 둥글다.

는 200개의 용암 동굴이 있다. 최근 미국 애리조나대의 연구팀은 달에 있는 용암 동굴에 지구 생물의 유전자를 보관할 수 있는 창고를 짓자는 주장을 했다. 지구의 생물을 위협하는 핵전쟁이나 소행성 충돌, 전염병 등을 피할 수 있는 안전한 곳이 필요하기 때문이다. 용암 동굴의 내부는 온도의 변화가 적은 데다, 유전자를 변형시키는 방사선이나 우주에서 쏟아지는 유성도 막을 수 있다.

용암 동굴은 학문적 가치가 크다. 동굴 주변의 화산이 만들어진 시기와 과정을 연구하는 데 도움이 되기 때문이다. 자연 환경의 영향을 받은 동굴의 외부와 달리 동굴의 내부에서는 지구 표면의 암석층과 지층의 원래 모습도 관찰할 수 있다. 또 기온 등 환경의 변화가 적은 까닭에 생물의 진화 속도가 느려 본래의 모습을 관찰할 수 있다.

이런 뜻 이에요

용암 지하에 녹아 있던 마그마가 약한 틈을 타고 지표 위로 분출하여 녹아 있는 상태. 마그마가 굳어져 이뤄진 암석도 용암이라고 한다.
방사선 우라늄이나 라듐 등 방사성 물질이 붕괴할 때 나오는 입자의 흐름. 우주에서 날아오는 빛도 방사선에 포함된다.
유성 지구의 대기권 안으로 들어와 빛을 내며 떨어지는 작은 물체.

용암 동굴이 만들어지는 과정

용암 동굴은 화산이 폭발할 때마다 생기지는 않는다. 용암 동굴이 만들어지려면 용암의 양이 많고, 온도가 높아서 끈적거림이 약해야 한다. 경사가 심하지 않은 골짜기나 평지에서도 흐를 수 있어야 하기 때문이다.

용암 동굴은 용암의 위치에 따라 용암이 식어서 굳는 시간이 다

▲천장에서 용암이 굳어져 만들어진 종유석과 용암 방울이 바닥으로 떨어져 굳은 석순이 이어져 용암 석주가 된다.

르기 때문에 만들어진다. 용암이 흘러내리는 동안 공기와 접촉하는 바깥 부분은 온도가 낮아 먼저 식으면서 굳는다. 이에 비해 안쪽의 용암은 온도가 높아 굳지 않고 흘러서 빠져 나가므로 그 자리에 둥글고 긴 모양의 공간이 생긴다.

용암 동굴이 만들어질 때 동굴의 안쪽에는 종유석과 석순, 석주 등이 생긴다. 종유석은 용암이 흘러갈 때 동굴 내부의 열이 식지 않은 상태에서 동굴 벽이나 천장에 용암 방울이 맺혀 굳은 것이다. 굳지 않은 용암 방울은 바닥으로 떨어져 석순이 된다. 석주는 종유석이 석순과 이어져 생긴 용암 기둥이다. 동굴 내부의 열이 식으면 성장이 멈춘다. 제주도 만장굴 내부의 석주는 세계에서 가장 큰데, 높이가 7.6m에 밑 둘레가 8m다. 동굴의 벽에는 용암이 빠져 나가면서 긁힌 자국도 남아 있다.

제주 용암 동굴의 특징

우리나라에서는 제주도에서만 용암 동굴을 볼 수 있다. 지금까지 120여 개의 용암 동굴이 발견되었다. 이 가운데 만장굴과 용천동굴, 당처물동굴 등이 유네스코(UNESCO)의 세계자연유산에 올랐다.

▲용천동굴의 내부는 석회 성분으로 이뤄진 화려한 색상의 종유석과 석주로 유명하다.

이들 동굴은 8000년 전쯤에 제주시 조천읍과 구좌읍의 경계 지대에 발달한 거문오름의 화산 활동으로 만들어졌다. 오름이란 큰 화산(한라산)이 폭발할 때 화산의 중턱이나 기슭에서 새로 터진 작은 화산을 말한다.

용암 동굴은 대개 검은색이다. 그런데 제주 용암 동굴 가운데 바다와 가까운 용천동굴(길이 약 2471m) 등의 경우 다양한 색깔의 아름답고 화려한 종유석과 석주로 유명하다. 동굴 위의 지표면에 바닷가에서 날아온 석회 성분이 들어 있는 모래가 쌓여 있기 때문이다. 석회 성분이 빗물에 녹아 동굴의 천정이나 벽을 타고 흘러내린 것이다.

제주 용암 동굴에는 여러 생물이 살고 있다. 멸종 위기에 몰린 황금박쥐 등 여러 종류의 박쥐와 제주굴아기거미 등이다. 바다로 이어진 수중 동굴에는 눈이 퇴화해 앞을 보지 못하는 물고기도 산다. 지금까지 밝혀지지 않은 미생물도 2종이 발견되었다.

이런 뜻이에요

세계자연유산 지구의 역사를 잘 나타내 주거나 희귀한 동식물이 보존된 곳, 풍경이 아주 아름다운 곳을 특별히 지정해 보호하는 자연.
황금박쥐 몸 전체가 선명한 주황색을 띤 박쥐. 몸길이 42~56㎜이며, 몸에 양털과 비슷한 털이 나 있다.
제주굴아기거미 제주 용암 동굴에서 볼 수 있는 우리나라 고유종 거미. 온몸이 누런빛을 띠고, 흰색 공 모양의 알주머니를 꽁무니에 달고 다닌다.
미생물 세균이나 곰팡이처럼 매우 작아서 눈으로는 볼 수 없고 현미경으로 관찰할 수 있는 생물.

생각이 쑥쑥

1. 화산 폭발과 용암 동굴이 만들어진 시기가 같은 까닭을 말해 보세요.

▲화산이 폭발할 때 용암이 흘러내린다.

💡 머리에 쏙쏙

만장굴이 만들어진 과정

만장굴은 거문오름의 화산 활동으로 만들어졌습니다. 높이 2~23m, 너비 10~18m, 길이는 7400m에 이르지요.

만장굴의 일부는 위층과 아래층으로 이뤄졌습니다. 전문가들은 만장굴이 위아래 층으로 나뉜 까닭을 용암이 여러 차례 흘렀기 때문이라고 추측합니다.

먼저 적은 양의 용암이 흐르면서 작은 크기의 용암 동굴이 만들어졌지요. 그리고 동굴 내부로 많은 양의 뜨거운 용암이 다시 흐르면서 처음 동굴의 일부만 남긴 채 동굴의 바닥이 녹으면서 하나로 합쳐져 규모가 커졌답니다.

2. 용암 동굴이 만들어지는 조건을 두 가지만 들어 보세요.

▲용암 동굴이 만들어지려면 용암의 점성(끈적거림)이 약해야 한다.

3. 용암 동굴이 만들어지는 과정을 설명하세요.

생각이 쏙

4 용암 동굴 안에 생기는 생성물의 개념과 생성 과정을 정리하세요.

종류	개념과 생성 과정
종유석	
석순	
석주	

5 제주도의 용암 동굴 가운데 바다와 가까울수록 종유석과 석주 등 생성물이 아름답고 화려한 까닭을 설명하세요.

▲용천동굴의 지표면은 석회 성분이 포함된 모래로 덮여 있다.

머리에 쏙

바다와 가까운 용암 동굴이 아름다운 까닭

제주도 용천동굴 등 바다와 가까운 용암 동굴에는 석회로 이뤄진 생성물이 발달했습니다. 석회 성분인 조개 껍데기가 섞인 바닷모래가 동굴 위의 지표면에 쌓여 있기 때문이죠.

석회 성분은 빗물에 쉽게 녹기 때문에 동굴의 벽이나 천장의 갈라진 틈을 따라 내부로 흘러듭니다. 그런 뒤 동굴의 천장에 달라붙어 종유석을 만들지요. 그리고 바닥에 가라앉아 쌓이면 다양한 모습의 석순으로 자랍니다. 그러다 종유석과 석순이 만나면 석주가 되지요. 동굴 천장의 틈을 따라 뻗어 내린 나무나 식물 뿌리에 석회 성분이 달라붙으면서 바닥까지 자라 석주가 되기도 한답니다.

6 미국의 과학자들이 달의 용암 동굴이 지구 생물의 유전자를 저장하기에 적합하다고 여긴 까닭은 무엇인가요?

▲달에 있는 용암 동굴은 우주 방사선을 막을 수 있다.

> 💡 **머리에 쏘옥**
>
> **용암 동굴을 보호할 수 있는 아이디어**
>
> 동굴을 보호하려면 공개된 동굴은 관람객의 수를 제한하고, 동굴 내부를 망가뜨리지 않도록 감시를 강화합니다. 일반인 출입을 금지한 동굴은 입구의 관리를 철저히 합니다. 사람과 동물이 동굴에 함부로 들어가 내부를 파괴하거나 오염시킬 수 있기 때문이지요.
>
> 동굴 외부는 보호 구역으로 정해 그 위에 도로를 내거나 농작물을 기를 수 없도록 관리합니다. 뿌리를 깊이 내리는 나무나 식물도 없앱니다. 동굴 천장의 틈을 키워 무너뜨릴 수 있기 때문이지요.

7 아래의 글을 참고해 용암 동굴을 보호할 수 있는 아이디어를 제시하세요.

세계자연유산인 용천동굴이 화학 비료 성분에 의해 오염될 위기에 놓였다. 2020년에 제주도세계유산본부 조사팀은 지표면의 오염 물질이 용천동굴의 벽에 난 틈으로 침투해 지하수를 오염시킨다는 사실을 발견했다. 오염된 지하수는 동굴 내부의 종유석과 석주 등을 망가뜨리고, 동굴에 사는 생물을 해칠 수 있다. 조사팀은 오염 물질이 들어오는 동굴 외부에 관리 구역을 정하고, 동굴을 오염시키는 원인을 항상 감시해야 한다고 밝혔다.

▲용천동굴의 벽에 난 틈으로 오염 물질이 흘러 들어와 지하수를 오염시켰다.

<신문 기사 참조>

3 자연과학

영구 동토층이 녹으면 어떻게 될까

▲캐나다 북부의 영구 동토층이 녹으면서 생긴 호수. 온실가스인 메테인과 이산화탄소를 내뿜는다.

영구 동토층이란 1년 내내 녹지 않는 꽁꽁 언 땅을 말합니다. 그런데 지구 온난화로 영구 동토층이 녹는다고 합니다. 영구 동토층이 녹으면 농사를 지을 수 있는 땅이 생기고, 지하자원도 개발할 수 있습니다. 하지만 그곳에 갇혀 있던 온실가스와 병균이 밖으로 나와 문제가 일어납니다. 영구 동토층이 만들어진 과정과 영구 동토층이 녹으면 어떤 장단점이 있는지 탐구합니다.

영구 동토층은 어떻게 만들어졌나

영구 동토층이란 2년 이상 흙의 온도가 섭씨 0도 이하가 유지되어 1년 내내 녹지 않는 땅을 말한다. 육지 가운데 14%(100 가운데 14), 북반구 땅의 24%가 이에 해당한다. 북극에 가까운 러시아의 시베리아 북부와 캐나다 북부, 미국 알래스카 등 위도가 높은 곳에서 주로 나타난다. 알프스산맥 등 위도가 낮은 지역의 고산 지대에서도 볼 수 있다.

▲러시아 시베리아의 영구 동토 지대. 영구 동토층은 4만~1만 4000년 전 빙하기에 만들어지기 시작했다.

영구 동토층은 대기 온도가 영하로 내려갈 때 땅속의 물이 얼면서 만들어진다. 따라서 춥고 건조한 겨울이 계속되고, 연평균 기온이 섭씨 영하 1~5도가 되어야 발달한다. 영구 동토가 되려면 최소한 2년 이상 땅이 녹지 않아야 한다. 그런데 한번 언 땅이 수만 년 이상 유지되는 사례도 있다.

영구 동토층은 활성층과 동토층으로 나뉜다. 활성층은 영구 동토층의 맨 위쪽에 있는 땅인데, 계절에 따라 얼고 녹는 일이 반복된다. 그 아래의 동토층은 1년 내내 얼어 있다. 동토층의 두께는 지역에 따라 다른데, 보통 수십 cm에서 수십 m에 이른다. 오랫동안 기온이 낮은 곳에서는 1~2km에 이르기도 한다. 동토층 아래의 땅은 지열 때문에 얼지 않는다.

이런 뜻 이에요

북반구 적도를 경계로 지구를 둘로 나누었을 때 북쪽 부분.
위도 적도에 평행하게 가로로 된, 지구 위의 위치를 나타내는 좌표. 적도를 0도로 남북 각 90도에 이른다. 북으로 잰 것을 북위, 남으로 잰 것을 남위라 한다.

영구 동토층에는 어떤 생물이 살까

▲순록은 영구 동토 지역에서 이끼류를 먹고 사는데, 여름이 끝나면 먹이를 찾아 남쪽으로 떼를 지어 이동한다.

영구 동토 지역은 한두 달의 짧은 여름과 긴 겨울이 계속된다. 가장 따뜻한 달의 평균 기온이 섭씨 0~10도이고, 겨울에는 영하 45도 이하인 날도 많다.

여름에 땅이 녹아 습지로 변하면 이끼류와 키가 작은 식물이 자란다. 식물은 이곳에 사는 토끼와 순록 등 초식 동물의 먹이가 된다. 곰과 여우, 늑대 등 육식 동물은 환경이 변하고 먹이가 부족해지면서 수가 눈에 띄게 줄었다. 여름에 한꺼번에 알에서 깬 모기 떼는 철새의 먹이가 된다.

여름이 끝나면 이끼를 먹는 순록은 먹이를 찾아 남쪽으로 이동한다. 남은 초식 동물은 땅 위에 남겨진 풀을 먹으며 겨울을 난다. 하지만 기후 변화로 눈 대신 비가 내리면 두꺼운 얼음이 얼어 먹이를 구하지 못하는 동물이 떼죽음하기도 한다. 사람들은 사냥하거나 물고기를 잡고, 순록을 놓아기르면서 고기와 털, 가죽을 얻는다.

영구 동토층은 지구의 냉동고로 불린다. 이미 멸종했거나 과거부터 살아온 수많은 동식물의 사체가 언 채로 묻혀 있기 때문이다. 과학자들은 매머드가 1000만 마리 이상 묻혀 있을 것으로 추정한다. 살아 있는 세균과 바이러스도 갇혀 있다.

이런 뜻 이에요

순록 북극 지방에서 사는 사슴과의 짐승. 암수 모두 뿔이 나 있고 다리가 길다. 고기와 젖을 먹을 수 있다.
매머드 480만 년 전부터 살다가 4000년 전에 멸종한 코끼리처럼 생긴 포유류. 긴 코와 4m 길이의 어금니를 가졌다. 온몸이 털로 뒤덮여 추위에 강하다.
바이러스 동식물과 세균 등 산 세포에 기생하는 미생물. 세포 안에서만 활동한다.

사람 살 땅 늘지만 온실가스 대량 방출

영구 동토층이 녹으면 농사를 짓고 사람이 살 수 있는 땅이 늘어난다. 매머드 등 과거에 멸종한 생물을 연구하고 복제할 수도 있다. 얼어 있는 사체에서 유전자를 분리할 수 있기 때문이다. 지하자원도 캐낼 수 있다. 영구 동토층에는 석유나 석탄뿐 아니라, 금과 다이아몬드 등의 희귀 자원이 묻혀 있다.

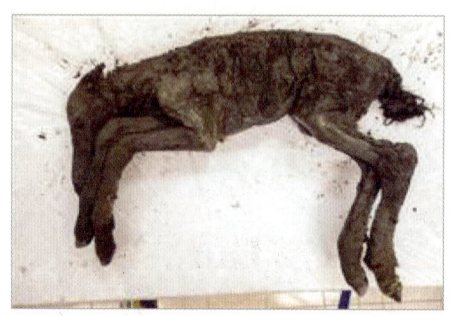
▲2018년 8월 러시아 시베리아 동부의 한 분화구에서 발견된 망아지의 사체. 약 4만 년 전 것으로 보인다.

하지만 영구 동토층이 녹으면 여러 가지 문제도 생긴다. 땅속에 갇혀 있던 막대한 양의 온실가스가 빠져 나와 지구 온난화가 빨라진다. 얼어 있던 동식물이 썩으면서 이산화탄소와 메테인 등 온실가스를 만들어 내기 때문이다. 흙을 단단하게 붙잡고 있던 얼음이 녹으면서 커다란 구덩이가 생기고, 물이 고여 호수가 되면 온실가스가 나오는 통로가 된다.

스페인독감과 천연두 등 과거에 유행했던 바이러스와 세균이 밖으로 나와 전염병이 퍼질 수도 있다. 게다가 수은 등 중금속 성분이 대기 중으로 퍼지거나 바다로 흘러들어 생태계를 파괴할 가능성도 있다. 해수면이 높아져 낮은 땅은 물에 잠기고, 얼음이 빠져 나간 땅이 꺼지면 건물과 철도, 송유관 등이 훼손된다. 특히 석유나 가스가 유출될 경우 큰 사고가 일어난다.

▲시베리아의 영구 동토층이 녹으면서 뿜어져 나온 메테인이 거품을 만들었다.

이런 뜻이에요

유전자 부모가 자식에게 특성을 물려주는 유전을 일으키는 단위.
스페인독감 1918년에 처음 발생해 2년간 세계적으로 2500만~5000만 명의 목숨을 앗아간 독감. 우리나라에서도 14만 명이 사망했다.
천연두 천연두바이러스에 감염되어 일어나는 전염병. 높은 열이 나고 몸에 발진이 생긴다. 19세기 이후 백신이 개발되어 거의 사라졌다.

생각이 쏘옥

1 영구 동토층이 왜 지금 빠르게 녹나요?

2 영구 동토층이 지구의 냉동고라고 불리는 까닭은 무엇인가요?

▲2007년 시베리아에서 발견된 어린 매머드 사체. 영구 동토층에는 과거에 멸종한 동식물이 언 채로 썩지 않고 묻혀 있다.

3 영구 동토층이 녹으면 어떤 문제가 발생하나요?

▲영구 동토층이 녹으면 온실가스가 대량 방출된다.

머리에 쏘옥

영구 동토층이 녹으면 온난화가 빨라지는 까닭

탄소는 생물체를 이루는 기본 원소입니다. 영구 동토층에는 엄청난 양의 동식물이 썩지 않고 언 상태로 묻혀 있지요. 이들 생물체가 품고 있는 탄소의 양은 지구 전체의 땅속에 저장된 탄소 양의 30~50%에 해당합니다.

영구 동토층이 녹으면 언 상태로 있던 동식물이 부패하면서 막대한 양의 탄소가 나오게 됩니다. 탄소가 공기와 만나면 이산화탄소를 내뿜게 됩니다. 공기가 없는 곳에서는 메테인이 되어 나오지요. 대기 중에 온실가스가 증가하면 지구 온도는 더욱 빠르게 상승합니다.

영구 동토층은 지구의 냉동고

영구 동토층은 수만 년 전부터 얼어 있습니다. 그래서 땅속에는 미생물부터 매머드까지 수많은 동식물의 사체가 언 채로 보존되어 있지요. 밖으로 나오면 전염병을 일으킬 수 있는 박테리아와 바이러스도 함께 묻혀 있습니다. 영구 동토층은 어둡고 기온이 낮은 데다 산소가 없어 썩지 않기 때문입니다.

생각이 쑤욱

4 영구 동토층이 녹으면 좋은 점을 세 가지만 들어 보세요.

> 머리에 쏘옥
>
> **영구 동토 지역에서는 집을 어떻게 지을까**
>
> 집의 형태는 기후나 환경에 따라 달라집니다. 추위나 더위를 피하고, 재료를 구하기 쉬워야 하기 때문이지요.
> 영구 동토 지역에서는 여름에 얼음이 녹으면 땅이 꺼져서 건물이 무너질 수 있습니다. 그래서 기둥을 땅속 깊은 곳까지 박은 뒤 그 위에 짓습니다. 땅에서 조금 띄워 집을 지으면 밑에서 올라오는 차가운 기운과 습기를 줄일 수 있지요.
> 겨울에는 매우 추워서 창문을 작게 냅니다. 지붕은 눈이 쌓이지 않게 경사를 가파르게 합니다.

5 영구 동토 지역에서는 여름에 얼음이 녹으면 땅이 꺼져서 집이 무너질 수 있습니다. 내가 이곳에 산다면 집을 어떻게 짓겠습니까?

▲영구 동토 지역에서는 기둥을 깊이 박아 기초를 단단히 한 뒤, 그 위에 집을 짓는다.

6 아래 글을 읽고, 이런 일이 왜 일어났는지 추측해 보세요.

▲순록은 이끼류를 뜯어 먹고 산다. 뒤쪽에 탄저균에 감염되어 죽은 순록들이 보인다.

2016년 러시아 중북부 시베리아 지역에서 75년 만에 탄저병이 발생해 주민 8명이 감염되었고, 1명이 사망했다. 순록 2300여 마리도 탄저균에 감염되어 떼죽음했다. 탄저균에 감염된 동물은 2~3일이면 죽는다. 탄저균은 전염성이 강해 생물학 무기로도 사용된다. 탄저균이 발견된 지역에선 최근 섭씨 35까지 오르는 이상 고온 현상이 나타났다.

> 💡 **머리에 쏘옥**
>
> **가축의 고기를 대체하는 인조 고기와 배양육**
>
> 인조 고기란 콩과 감자 등의 식물에서 단백질을 뽑아내 고기처럼 만든 식품입니다. 맛이나 냄새, 씹는 느낌까지 실제 고기와 비슷하답니다. 인조 고기의 소비가 늘면 소나 돼지 등 가축을 기를 때 방귀나 트림에서 나오는 메테인을 줄일 수 있습니다.
>
> 가축의 세포를 실험실에서 배양해 만드는 배양육도 있습니다. 가축을 길러서 얻는 고기가 아니기 때문에 메테인이 나오지 않습니다. 그러나 아직 개발 단계여서 상품으로 나오기까지는 시간이 좀 걸릴 수 있습니다.

7 사람은 육류를 통해 단백질을 섭취합니다. 그런데 육류 소비가 늘면 영구 동토층이 왜 빨리 녹는지 설명하고, 육류를 대체할 수 있는 아이디어를 제시하세요.

▲목장에서 소를 방목하는 모습.

세계의 가축 수는 280억 마리에 이른다. 그런데 가축의 방귀와 트림이 온실가스인 메테인을 가장 많이 내뿜는 원인으로 지목되고 있다. 메테인은 지난 20년간 이산화탄소보다 지구 온난화에 85배나 더 큰 영향을 미쳤다. 가축에서 나오는 메테인은 2030년까지 60%(100 가운데 60)나 늘어날 것으로 예상된다.

4 자연과학

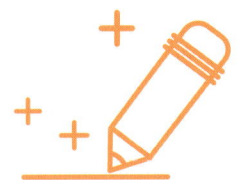

세상을 바꾼 발명품 화약 무기

▲화약 무기인 조총을 쏘는 모습. 일본은 조총을 갖춘 군대로 우리나라를 공격해 큰 피해를 줬다.

　세계 여러 나라는 총이나 화포 등 화약 무기를 만들려고 노력했습니다. 총이나 화포가 있으면 창과 칼로 싸우는 군대를 쉽게 이길 수 있었기 때문입니다. 우리나라에서는 고려 시대 후기에 화약을 만드는 방법을 처음 알아냈습니다. 화약 무기가 어떻게 발달했는지 알아보고, 전쟁에 어떤 영향을 미쳤는지도 탐구합니다.

중국에서 7세기에 화약 무기 처음 발명

화약은 세상을 바꾼 발명품 가운데 하나로 꼽힌다. 화약이 무기로 사용되면서 세계 역사를 바꾸어 놓았기 때문이다. 몽골에서는 칭기즈 칸(재위 1206~27)과 그 후손들이 화약 무기를 앞세워 세계 역사에서 영토가 가장 넓은 나라를 세웠다. 유럽에서는 화약 무기가 등장하면서 말을 탄 채 갑옷과 칼로 무장한 기사들이 힘을 잃었다.

화약은 중국에서 7세기(601~700)에 처음 발명되었다. 그때 중국에는 불사약을 만드는 사람들이 있었다. 이들은 약을 만들다가 우연히 화약의 재료인 염초와 유황, 숯을 섞게 되었다. 재료가 잘 섞이도록 열을 가했는데, 이것이 순식간에 폭발하면서 화약을 발명하게 된 것이다. 화약의 이름에 '약'이 들어 있는 까닭도 이와 관련이 있다.

▲1300년대 영국군이 대포를 쏘며 프랑스의 성을 공격하는 모습.

화약 무기는 중국 송나라(960~1279)에서 본격적으로 만들었다. 화약이 폭발할 때 나오는 강력한 힘으로 화살이나 포탄을 멀리 나가게 하는 방식이었다. 우리나라에서는 고려의 관리 최무선(1325~95)이 최초로 화약 제조 방법을 알아내 화약 무기를 만들었다. 그리고 백성을 괴롭히던 왜구를 무찌르는 데 사용했다.

▲1200년대 중국에서 발명된 비화창. 창의 앞부분에 달린 통에 화약을 넣고 쏘면 통 속의 화약이 타면서 연소 가스가 뒤로 나가고, 그 힘으로 창이 날아간다.

이런 뜻 이에요

칸 몽골의 왕을 부르는 말.
염초 화약의 핵심 원료로, 아궁이나 온돌 밑의 흙을 오줌 등과 섞은 뒤 말똥으로 덮어 말리고, 불을 태우는 과정을 거쳐 만든다.
왜구 13~16세기에 우리나라와 중국 바닷가에 몰래 들어와 사람을 해치거나 재물을 빼앗던 일본인 해적.

최무선이 우리나라 최초 화약 무기 만들어

고려의 최무선이 만든 화약 무기는 화전과 화포였다. 화전은 화약을 이용해 화살을 발사하는 무기이고, 화포는 포탄을 쏘는 무기였다. 화약 무기는 왜구의 배를 파괴하는 데 효과적이었다. 그러나 정확도와 파괴력이 떨어져 육지에서 사용하기는 어려웠다.

조선 시대에는 육지에서 사용할 수 있는 화약 무기가 만들어지기 시작했다. 한반도의 동북쪽에 살던 여진족이 자주 쳐들어왔기 때문이다. 특히 세종(재위 1418~50) 때 화약 무기가 발달했다. 이때 화약의 폭발력이 커지면서 한 번 발사하면 여러 발의 화살이 나가는 화전이 발명되었다. 조립식 화포도 발명되어 들고 다니며 쏠 수 있었다.

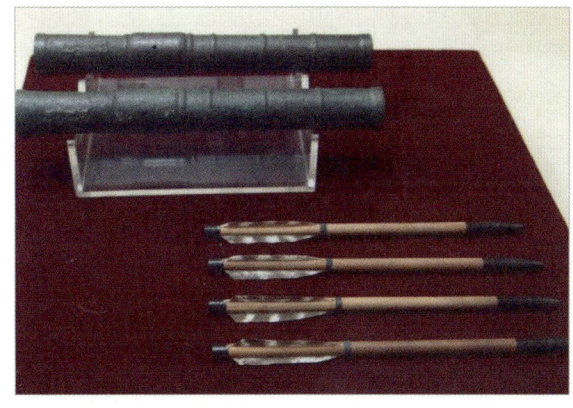
▲세종 때 발명된 것으로 알려진 사전총통. 한꺼번에 4발의 화살을 쏠 수 있었다.

▲화차에 신기전을 넣어 발사하는 모습.

문종(재위 1450~52) 때는 한 번에 100발을 쏠 수 있는 화차와 신기전이 개발되었다. 신기전은 화약의 폭발력으로 빠르게 적진으로 날아가 피해를 주었다.

임진왜란(1592~97) 때는 조총이 수입되었다. 일본은 잘 훈련된 조총 부대를 앞세워 약 20일 만에 수도였던 한양을 점령했다. 일본은 그때 세계에서 조총을 가장 많이 가지고 있었다. 조선은 중국과 일본에서 조총을 들여와 맞서 싸웠다.

이런 뜻 이에요
여진족 한반도 동북쪽에 살던 민족. 조선 시대 초기에 자주 쳐들어왔다. 나중에 세력이 커져 청나라(1616~1912)를 세웠다.

전쟁 규모 커지고 사상자 크게 늘어

화약 무기는 전쟁의 모습을 바꿔 놓았다. 화약 무기가 나오기 전에는 누구나 갑옷과 무기만 있으면 전쟁터에 나갈 수 있었다. 조선 시대 군인 대다수가 농민이었던 사실만 봐도 알 수 있다.

그런데 화약 무기가 나오면서 무기를 다루는 방법을 훈련 받은 군인이 필요했다. 조선 초기에는 '화통군'이라 불리는 훈련 받은 군인이 1만 명쯤 있었다. 임진왜란 때도 조총 부대를 만들어 훈련시켰다.

화약 무기가 등장하기 전에는 기병들이 강력한 힘을 발휘했다. 특히 평지에서 싸울 때는 기병이 반드시 필요했다. 무술이 뛰어난 장수의 역할도 중요했다. 하지만 화약 무기 때문에 둘 다 힘을 잃었다. 화약 무기를 사용하면 폭발 소리에 놀란 말들이 도망갔다. 멀리서 포탄을 쏘면 무술이 뛰어난 장수도 힘을 발휘할 수 없었다.

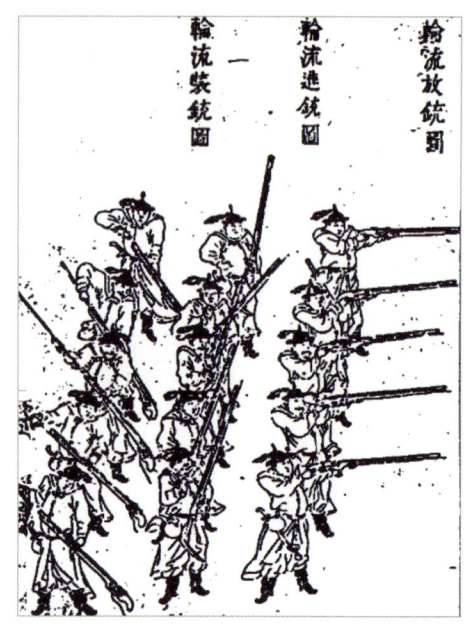
▲조총 부대 훈련법을 그린 그림. 조총은 쏘는 데 시간이 오래 걸려서 세 줄로 서서 차례로 발사하는 훈련을 했다.

▲전쟁에서 총을 쏘는 1700년대 프랑스 군대의 모습.

전쟁의 규모도 커지고 다치거나 죽는 사람도 늘었다. 조총이나 화포 등 화약 무기를 효과적으로 사용하려면 여러 명의 협동이 필요했기 때문이다. 프랑스의 경우 화약 무기를 쓰기 전인 1300년대에는 군인이 약 1만 5000명이었지만, 1700년대 초에는 65만 명으로 증가했다.

> **이런 뜻 이에요**
>
> **기병** 말을 탄 병사. 이동 속도가 빠르고 보병보다 위에서 싸울 수 있는 장점이 있다.

생각이 쑤욱

1 화약이 세상을 바꾼 발명품으로 꼽히는 까닭을 두 가지만 말해 보세요.

2 중국의 약사들이 화약을 발명하게 된 과정을 한 문장으로 설명하세요.

3 화약이 무기로 사용되었을 때의 장점을 대 보세요.

화약 무기를 세계에 퍼뜨린 몽골군

몽골은 빠르게 이동할 수 있는 기병과 화약 무기를 이용해 역사적으로 가장 큰 나라를 세웠어요.

몽골은 화약 무기가 없었는데, 1214년 중국과 벌인 전쟁에서 승리하면서 수도를 차지해 화약 무기 공장과 기술자를 얻을 수 있었습니다.

몽골은 중국을 정복한 뒤, 이라크가 있는 서아시아와 폴란드가 있는 유럽까지 쳐들어갔어요. 그때 서아시아와 유럽에는 화약 무기가 알려져 있지 않았어요. 그래서 화약 무기를 처음 본 적들은 공포에 떨었어요. 폴란드의 한 사람은 몽골군이 '요술'을 부린다고 생각했어요.

몽골군이 여러 곳에서 화약 무기를 사용하면서, 화약 무기가 세계적으로 널리 퍼졌답니다.

▲몽골군이 이라크를 공격할 때 사용한 것으로 알려진 진천뢰(대포의 한 종류).

생각이 쑤욱

4 아래 지도를 활용해 고려 말부터 조선 초에 화약 무기가 발달한 까닭을 추측해 보세요.

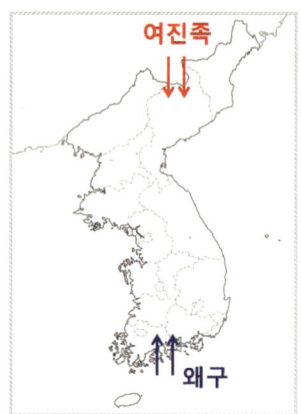

5 아래 주어진 상황에서 신립 장군이 패할 수밖에 없는 까닭을 제시하세요.

> 임진왜란 때 신립(1546~92) 장군은 기병 8000명을 이끌고 충북 충주에 있는 평야에 진을 쳤다. 조총으로 무장한 일본군이 그곳으로 쳐들어왔다.

머리에 쏘옥

조총과 임진왜란

16세기(1501~1600)에 일본에서는 군대를 갖춘 세력들이 일본을 통일하기 위해 내전을 벌였어요. 그때 한 세력이 군대의 힘을 키우기 위해 포르투갈 상인에게 조총을 샀어요.

그때부터 일본에서 조총이 만들어졌고, 통일이 된 뒤 일본은 세계에서 가장 많은 조총을 갖게 되었어요.

일본은 1592년 조총을 앞세워 우리나라로 쳐들어왔어요.

그때 조선에서 가장 강한 부대는 기병이었지요. 하지만 멀리서 총을 쏘는 조총 부대를 맞아 힘 한번 제대로 써 보지 못하고 패하기 바빴습니다.

신립 장군도 조총을 얕봤다가 충주에서 대다수의 병사를 잃은 채 패하고 말았습니다.

▲조총을 든 일본군(왼쪽)이 기병(오른쪽)을 무찌르는 모습.

6 화약 무기가 등장하면서 군대의 훈련이 더 중요해진 까닭은 무엇인가요?

▲화포는 여러 명이 힘을 합쳐야 효과적으로 사용할 수 있다.

7 화약 무기가 전쟁에 사용되면서 인류에게 끼친 부정적인 영향을 생각해 보세요(300자).

▲1분에 600발을 쏠 수 있는 기관총. 제1차세계대전(1914~18) 때 기관총이 전쟁 무기로 사용되면서 많은 사람이 죽거나 다쳤다.

머리에 쏘옥

화약 무기의 폭발력을 키운 노벨

세계 여러 나라는 화약의 폭발력을 키우려고 노력했어요. 폭발력이 커야 더 강력한 무기를 만들 수 있었기 때문이었죠.

유럽에서는 1700년대부터 폭발력이 큰 화약을 만들기 시작했어요. 1800년대에는 폭발력이 너무 커서 실제로 사용하지 못하는 화약까지 나올 정도였어요.

스웨덴의 발명가 노벨(1833~96)은 화약을 안전하게 사용할 수 있는 다이너마이트를 개발했어요.

처음에 다이너마이트는 연기가 많이 나서 무기로 사용하지 못했지만, 나중에 연기가 나지 않는 화약을 발명해 무기로 사용할 수 있게 되었어요.

그 뒤 1차 세계대전(1914~18)때 화약 무기를 사용하는 바람에, 3000만 명 이상이 죽거나 다쳤답니다.

▲다이너마이트를 이용해 광산을 폭발시키는 장면.

동물은 의사 소통을 어떻게 할까

▲돌고래는 사람이 귀로 들을 수 없는 초음파를 이용해 같은 무리끼리 의사를 소통한다.

　사람이 언어나 몸짓으로 생각을 주고받듯, 동물도 다양한 방식으로 같은 무리나 경쟁자들과 의사를 소통합니다. 영역을 놓고 다투는 등의 불필요한 충돌을 피해 시간과 에너지 낭비를 줄이기 위해서입니다. 동물은 소리나 냄새, 몸짓 등 여러 신호를 이용해 의사를 전합니다. 또 상대방이 보내는 신호를 식별하는 데 필요한 시각, 청각, 촉각, 후각 등이 발달해 있지요. 동물이 의사 소통을 어떻게 하는지 탐구합니다.

소리를 이용하는 방법

동물에게 소리는 가장 많이 사용되는 의사 소통 방법이다. 소리의 높낮이와 길고 짧음, 음색 등을 바꿔 가면서 자신의 텃세권을 표시하거나 짝을 찾고, 경쟁자들에게 경고를 하기도 한다.

▲울음소리가 아름다운 여름 철새 꾀꼬리. 5~7월에 알을 낳는다. 몸길이는 약 25㎝이며, 몸은 노랗다.

조류는 소리로 의사를 주고받는 대표적인 동물이다. 특히 번식기가 되면 수컷이 텃세권을 정한 뒤 주위를 맴돌면서 요란한 울음소리를 낸다. 이 소리에는 암컷을 찾고, 다른 수컷들에게 자기 영역에 침범하지 말라는 경고의 뜻이 담겨 있다. 독수리나 솔개 등의 포식자가 나타났을 때도 소리를 통해 경계 신호를 보낸다. 청개구리나 맹꽁이, 여치, 왕귀뚜라미 등도 소리를 통해 암컷을 찾는다. 소리는 늑대 등 무리를 지어 사는 동물이 먹이의 위치나 공격의 시작 등을 알리는 수단이 되기도 한다. 우두머리 늑대의 울음소리는 무리끼리 단단하게 뭉치도록 하는 역할을 한다.

사람에게는 들리지 않는 소리를 내어 의사를 나누는 동물도 있다. 코끼리나 하마, 기린은 아주 낮은 소리인 초저주파로 10㎞나 떨어진 자기 무리와도 대화를 나눌 수 있다. 이에 비해 박쥐나 돌고래는 아주 높은 소리인 초음파를 쏜 뒤 반사되어 돌아오는 시간을 재서 먹이나 장애물을 구별한다.

▲박쥐는 초음파를 쏴서 먹이를 찾거나 장애물을 식별한다.

이런 뜻 이에요

음색 음을 들을 때 생기는 심리적 느낌. 크기와 높이가 같아도 두 음이 다르게 느껴질 때 음색이 다르다고 한다.
텃세권 한 동물이 서식하는 공간. 다른 동물에게 침입을 받았을 때 방어한다.
포식자 먹이를 얻기 위해 다른 동물을 잡아먹는 동물.

냄새나 빛으로 알리기

▲스컹크가 내뿜는 액체는 다른 동물의 눈에 들어가면 잠시 앞이 보이지 않도록 만들기 때문에 적을 만나도 쉽게 도망가지 않는다.

▲개똥벌레로도 불리는 반딧불이가 밤에 스스로 빛을 내는 모습. 몸길이는 1~2㎝인데, 환경 오염 때문에 쉽게 볼 수 없다.

동물에게는 냄새도 중요한 의사 표시 수단이다. 냄새에는 암컷인지 수컷인지, 서열이 높은지 낮은지, 지금 기분이 어떤지 등의 여러 정보가 담긴다.

냄새는 오랫동안 남기 때문에 반복적으로 내야 하는 소리의 단점을 해결할 수 있고, 어두운 곳에서도 의사 전달이 가능하다.

몸짓이 어렵고 소리를 잘 내지 못하는 곤충의 경우 특히 독특한 냄새가 나는 페로몬을 분비해 의사를 표시한다. 위험이 닥치면 경보 페로몬을 내뿜어 동료에게 알리고, 좋아하는 이성을 만나면 성 페로몬을 분비해 유혹하기도 한다. 개미는 집을 나서면서부터 가는 길마다 흔적 페로몬을 뿌려 다른 개미들에게 먹이의 위치 등을 알린다. 여왕벌은 자기가 만든 특수 페로몬을 분비해 일벌들에게 일만 하도록 지시한다.

개나 호랑이, 사슴 등의 포유동물도 페로몬 성분이 들어 있는 오줌을 눠서 자기 영역을 표시 한다. 스컹크의 경우 위협을 느끼면 항문 양옆의 분비샘에서 지독한 냄새를 풍기는 액체를 내뿜어 상대를 위협한다.

수컷 반딧불이는 빛을 내서 암컷에게 마음을 전한다. 반딧불이의 몸속에는 발광 물질이 들어 있어 산소와 반응하면 스스로 빛을 낸다. 수많은 반딧불이 가운데 짝을 찾으려면 가장 밝게 빛을 내야 한다.

이런 뜻 이에요

페로몬 동물이 몸 밖으로 내보내서 같은 종에게 특정한 반응을 일으키도록 하는 물질.
스컹크 족제빗과의 포유동물. 주로 아메리카대륙의 초원이나 사막에 살면서 곤충이나 쥐, 도마뱀 등을 잡아먹고 산다. 몸길이는 28~49㎝에 몸무게는 200g부터 4㎏에 이른다.

몸짓 통해 의사 전달하기

동물은 몸짓과 몸 색깔을 통해서도 짝을 유혹하거나 적의 침범을 알리고, 자신의 우월함을 과시하는 등 의사를 표현한다.

▲침팬지는 얼굴 표정을 변화시켜 상대에게 자기 감정을 표시한다.

침팬지는 얼굴 표정을 변화시켜 자기 감정을 표시한다. 화가 났을 때는 이빨이 드러나게 입을 벌려 위협적인 표정을 짓고, 친근함을 나타낼 때는 우스꽝스러운 표정을 한다. 앵무새는 화가 나면 얼굴색을 붉게 바꾼다. 고릴라의 수컷은 주먹으로 가슴을 치거나 다른 물체를 두드려 소리를 내서 상대에게 위협을 가한다. 코끼리의 경우 발로 땅을 쿵쿵 울려 친구들에게 위험을 알리기도 한다. 게들은 적에게 다가오지 말라고 경고하는 표시로 집게발을 머리 위로 치켜든다. 집게발을 양 옆으로 흔들면 암컷에게 다가오라는 뜻이다. 기린이나 얼룩말은 서로 핥고 비비면서 친근함을 나눈다.

꿀벌은 춤을 춰서 어디에 무슨 꽃이 있는지 동료들에게 알린다. 정찰 꿀벌은 벌집에 들어오면 어둡고 시끄럽기 때문에 꼬리 춤을 춰서 정보를 알리는데, 동료들이 다가와 그 정찰 벌에게 더듬이를 대서 방향과 거리를 파악한다. 원을 그리듯 추면 꽃이 100m 안에 있다는 뜻이고, 8자를 그리며 추면 그보다 멀리 있다는 의미다. 춤을 추는 시간이 길수록 더 멀리에 있고, 힘차게 출수록 꿀의 질이 좋다는 표시다.

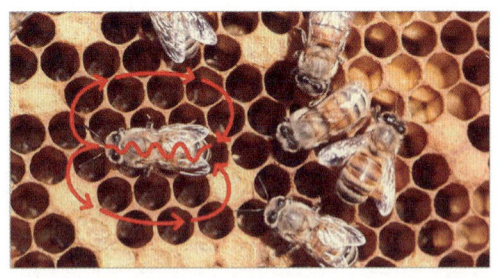
▲벌집에 들어온 정찰 꿀벌이 8자 춤을 추어 꽃이 100m 밖에 있음을 알리고 있다.

이런 뜻이에요

침팬지 유인원의 한 종류. 몸길이는 63~90cm이며, 몸무게는 30~40kg이다. 털은 검은 갈색이다. 나뭇잎이나 과일 등을 먹는다. 지능이 발달했고, 아프리카에서 무리 생활을 한다.

고릴라 유인원의 한 종류. 몸길이는 125~175cm이며, 몸무게는 70~275kg이다. 털은 검은색이나 갈색이고, 초식성이다. 성격이 온순하며, 아프리카의 열대 우림에서 무리 생활을 한다.

생각이 쏙

1 사람이 언어를 이용하는 소통과 동물이 소리 신호를 이용하는 소통의 차이점을 아는 대로 말해 보세요.

2 조류는 주로 소리로 의사 소통을 하는데, 특히 깊은 숲에서 사는 새들의 소리가 더욱 발달한 까닭은 무엇일까요?

▲소쩍새. 올빼밋과의 여름새로, 밤에 활동하면서 벌레를 잡아먹는다. '소쩍 소쩍' 소리를 내면서 운다.

3 3.4km 떨어진 곳에 있는 코끼리 두 마리가 자신이 있는 곳을 서로 초저주파로 알리려면 시간이 얼마나 걸릴까요?

☞ 초저주파 등 소리는 공기 중에서 1초에 340m를 나아갑니다.

▲코끼리는 멀리 떨어진 무리와 초저주파로 연락을 주고받는다.

머리에 쏙

사람의 언어 소통과 동물의 소리 신호 소통의 차이점

사람과 동물이 구별되는 가장 큰 특징이 언어라고 합니다.

사람의 언어는 말하는 사람의 의지에 따른 행동이지만, 동물의 언어는 본능에 따른 것입니다. 사람은 같은 상황에서도 다르게 말할 수 있습니다. 동물은 같은 상황에 놓이면 똑같은 소리로만 표시합니다.

사람의 언어에는 그 사람의 교육 환경이나 개성 등이 담기지만, 동물의 언어는 늘 같은 상황이 반복됩니다.

사람의 언어는 상대와 서로 주고받으면서 쌍방향으로 소통하는데, 동물은 상대에게 의사를 전달만 할 뿐 질문이나 응대가 없는 일방향 소통입니다.

조류는 왜 소리를 많이 이용할까

숲은 나무가 많아 잘 보이지 않습니다. 그래서 새들은 주변의 동료들과 소리를 통해 의사 소통을 할 수밖에 없습니다.

더 크게 멀리 전할 수 있는 소리를 내다 보니 성대가 발달했습니다. 특히 번식기인 봄에는 짝을 찾기 위해 가장 아름다운 소리를 낸답니다.

생각이 쑤욱

4 동물이 자신의 텃세권을 정한 상태에서 소리 신호나 페로몬 등으로 경고 표시를 하지 않으면, 어떤 일이 벌어질지 추측해 보세요.

▲페로몬이 섞인 오줌을 누워 자기 영역을 표시하는 개.

5 44쪽에서 동물이 몸짓으로 하는 의사 소통 방법을 5가지로 분류하고, 그 내용을 각각 한 문장으로 정리하세요.

▲목을 비비면서 접촉을 통해 친근함을 나누는 기린.

머리에 쏘옥

초음파와 초저주파

사람의 귀로 들을 수 있는 소리의 주파수는 20Hz(헤르츠)~2만 Hz입니다. 주파수란 1초 동안에 진동하는 횟수를 말합니다.

주파수가 2만 Hz를 넘으면 사람이 들을 수 없는데, 이러한 소리를 초음파라고 합니다. 20Hz 이하여도 들을 수 없는데, 이러한 소리를 초저주파라고 합니다.

박쥐가 밤에도 잘 날아다니는 까닭은 초음파를 쏴서 물체에 반사되어 돌아오는 정보를 계산해 위치를 파악할 수 있기 때문입니다.

코끼리들은 초저주파를 이용해 멀리 떨어진 곳의 다른 코끼리와 연락을 주고받을 수 있습니다. 초저주파는 에너지 손실이 적어 멀리까지 전달됩니다.

6 동물의 주요 의사 소통 수단인 소리와 냄새, 몸짓(춤 포함), 빛의 장단점을 각각 비교하세요.

	장점	단점
소리	보이지 않거나 멀리 떨어진 곳에서도 식별할 수 있다.	
냄새		
몸짓		
빛		낮에는 빛이 보이지 않아 의사 소통을 제대로 할 수 없다.

7 동물의 의사 소통 수단을 분석해서 사람에게 도움을 주거나 동물을 보호할 수 있는 아이디어를 한 가지만 설명하세요. 기존의 사례를 들어 설명해도 됩니다 (300자).

☞ 모기가 싫어하는 3만 ㎐ 이상의 초음파를 발생시켜 사람에게 가까이 다가오지 못하도록 하는 모기 퇴치기를 개발해 아프리카에 보내 준다.

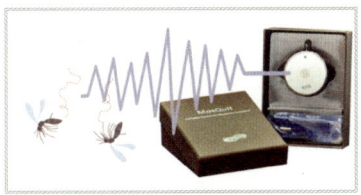

▲초음파 발생 모기 퇴치기.

머리에 쏘옥

페로몬을 이용한 등검은말벌 포획기 개발

외래종인 등검은말벌은 2003년 부산으로 처음 들어왔습니다. 그런데 공격성이 강해 꿀벌을 물어 죽이는 등 양봉 농가에 큰 피해를 주고 있습니다. 더구나 천적도 없고, 독성이 너무 강해 도심으로 퍼질 경우 사람을 쏘아 죽게 만들 수도 있습니다.

그래서 정부가 등검은말벌 포획기를 양봉 농가 등에 1대에 4만 원에 설치해 주고 있습니다. 포획기 안에는 등검은말벌이 좋아하는 페로몬을 뿌려 벌이 안으로 들어오게 유인한 뒤 밖으로 나갈 수 없게 그물망을 쳐 놨습니다.

부산의 기장군이 시범 사업으로 농가 35곳에 360대를 설치했는데, 등검은말벌 여왕벌 1000여 마리를 잡았다고 합니다. 여왕벌 1마리를 잡으면 5만 마리가 사는 꿀벌집 하나를 살릴 수 있답니다.

▲페로몬을 뿌린 포획기에 갇힌 등검은말벌들.

동물과 식물의 차이점

▲동물은 활동에 필요한 양분을 바깥에서 얻지만, 식물은 스스로 양분을 만든다.

　우주의 모든 사물은 생명의 유무에 따라 생물과 무생물로 나뉩니다. 생명이란 생물이 살아서 숨쉬고, 활동하는 힘을 말합니다. 생물은 동물과 식물로 나뉩니다. 동물은 자유롭게 이동하면서 새끼나 알을 낳아 자손을 퍼뜨립니다. 이에 비해 식물은 한곳에 뿌리를 내린 채 살면서 열매나 씨앗을 이용해 대를 잇지요. 생물과 무생물의 정체를 알아본 뒤, 동식물의 특징을 탐구합니다.

생물과 무생물의 분류

▲돌은 세포로 이뤄지지 않았고 자손을 퍼뜨리지도 못하기 때문에 무생물로 분류한다.

모든 사물은 생물과 무생물로 나뉜다. 생물은 생명이 있는 물체를 말한다.

생물은 몸이 세포로 이뤄져 있다. 산소를 들이마시고 이산화탄소를 내뱉는 호흡을 한다. 활동에 필요한 양분을 스스로 만들거나 바깥에서 공급 받아 에너지로 바꿔 사용한다. 환경에 적응하려고 모양 등을 바꾸기도 하지만, 고유의 특성을 잃지는 않는다. 짝짓기 등을 통해 대를 잇고 수를 늘린다. 무생물은 돌이나 흙 등 생명이 없는 물체를 말한다. 종류에 따라 구성 물질이 다르며, 호흡을 하지 않는다. 자손을 퍼뜨리는 능력도 없다.

생물에 속하지만 동식물로 분류되지 않는 세균이나 균류도 있다. 세균은 하나의 세포로 구성된다. 인체 등 양분을 얻을 수 있는 곳이면 어디든지 살면서 활동에 필요한 에너지를 만든다. 곰팡이나 버섯 등의 균류는 엽록체가 없어 스스로 양분을 만들지 못한다. 따라서 다른 생물체에 기생하면서 대개 홀씨를 만들어 자손을 퍼뜨린다.

생물과 무생물의 중간에 속하는 바이러스도 있다. 바이러스는 세포로 이뤄지지 않아 무생물의 특성을 띤다. 그런데 다른 생명체의 세포에 붙어 기생하면서 자기를 복제해 수를 늘린다는 점에서는 생물의 특성을 보인다.

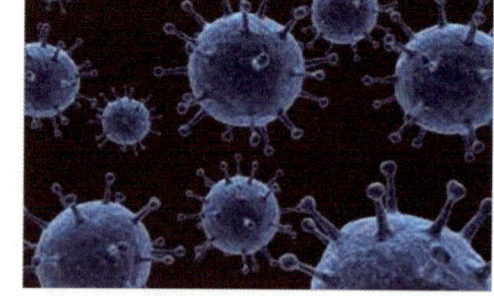
▲바이러스는 생물과 무생물의 중간 형태이다.

이런 뜻이에요

생명 생물이 살아서 숨쉬고 활동하는 힘.
세포 생물체를 이루는 기본 단위.
엽록체 식물의 세포 소기관 중 하나. 빛과 이산화탄소, 수분을 이용해 탄수화물과 산소를 만든다.
홀씨 균류나 식물이 대를 잇기 위해 만든 생식 세포. 싹이 터서 대를 잇는다.

동물의 특징

동물은 필요할 때 이동할 수 있다. 몸속에는 호흡 기관과 소화 기관을 갖췄다.

동물은 바깥에서 양분을 공급 받는다. 풀이나 고기 등을 먹고 소화시킨 뒤 양분을 흡수한다. 흡수한 양분은 세포에서 일어나는 호흡을 통해 에너지로 바뀐다.

▲북극곰은 북극의 환경에 적응하기 위해 털이 흰색으로 바뀌고, 열을 덜 뺏기기 위해 귀의 크기도 줄었다.

동물은 새끼를 낳거나 알을 낳아 자손을 퍼뜨린다. 새끼를 낳는 동물은 대개 어미의 젖을 먹고 자라는 포유동물이다. 어느 정도 자란 뒤에는 어미 곁을 떠나 독립한다. 알을 낳는 동물 가운데 조류나 파충류, 어류는 알에서 깬 뒤 성체로 자란다. 개구리 등 양서류는 알에서 깬 뒤 물속에서 올챙이를 거쳐 성체가 된다. 곤충은 대개 알에서 깬 뒤 애벌레와 번데기를 거쳐 성체의 모습을 갖추는 완전 탈바꿈을 한다. 완전 탈바꿈을 하는 곤충은 나비와 벌 등이 있다.

동물은 환경에 적응하기 위해 오랫동안 진화했다. 북극곰이나 북극여우는 천적에게서 자신을 보호하려고 털을 흰색으로 바꾸고, 체온을 유지하기 위해 귀의 크기를 줄였다. 사용하지 않는 기관은 사라지거나 힘을 잃기도 한다. 육지에 살다 바다로 간 고래의 다리는 없어지고 흔적만 남아 있다. 어둠 속에서 사는 두더지는 눈이 퇴화해 시력을 잃었다.

▲나비는 알에서 깨어난 뒤 애벌레와 번데기 과정을 거쳐 나비가 된다.

이런 뜻이에요

성체 다 자라서 새끼를 생산할 능력이 있는 동물.
양서류 물이나 땅에서 모두 생활하는 동물. 어류와 파충류의 중간이며, 알을 낳아 번식한다.
진화 생물이 살아가면서 생존 경쟁에 적합하도록 단순한 것에서 복잡하게 발전하는 과정.
퇴화 생물체의 어떤 기관이나 조직이 차츰 쇠퇴하거나 축소되어 그 모습이나 기능을 잃는 일.

식물의 특징

▲식물은 광합성을 통해 양분을 얻고 산소를 만든다.

식물은 이동하지 못하고 한곳에 뿌리를 내린 채 산다. 대부분은 엽록소를 가지고 있어서 초록색을 띤다. 뿌리와 줄기, 잎, 꽃, 열매(씨앗)로 이뤄져 있으며, 호흡 기관과 소화 기관은 따로 없다.

식물은 낮에 햇빛이 비치면 잎에 있는 엽록체에서 이산화탄소와 물을 이용해 스스로 양분과 산소를 만든다. 이를 광합성이라고 한다. 잎에서 만들어진 양분은 줄기와 뿌리로 보내져 성장하는 데 쓰이고, 산소는 잎에 있는 숨구멍을 통해 공기 중으로 방출된다.

식물도 밤낮으로 호흡을 한다. 동물과 달리 호흡 기관이 없어 세포로만 호흡하는데, 낮에는 식물이 내뿜는 산소의 양이 이산화탄소보다 많다. 밤에는 광합성을 하지 않기 때문에 이산화탄소만 나온다.

식물은 주로 씨앗 또는 열매를 맺어 대를 잇는다. 줄기와 뿌리를 뻗어 새순을 내기도 한다. 식물은 씨앗과 열매를 맺을 때 새나 곤충, 바람, 물의 도움을 받는 것도 있다. 어떤 식물은 씨앗을 널리 퍼뜨리기 위해 자연을 이용한다. 예를 들어 새나 작은 동물의 먹잇감이 되어 배설물을 통해 자손을 퍼뜨린다. 민들레는 공 모양의 씨앗을 맺어 바람에 태워 멀리 날려 보낸다.

▲나무는 주로 씨앗이나 열매를 맺어 대를 잇는다.

생각이 쏘옥

1 생물과 무생물의 차이점을 아는 대로 들어 보세요.

▲곰 인형은 생명이 없어서 숨을 쉬지 않고, 자손을 퍼뜨리지도 못한다.

> **머리에 쏘옥**
>
> **버섯은 왜 식물이 아닐까**
>
> 버섯은 식물이 아닙니다. 식물은 엽록체가 있어서 스스로 양분을 만들어 에너지를 얻습니다. 그런데 버섯은 엽록체가 없어서 스스로 양분을 만들 수 없지요. 그래서 다른 생물체에 기생하면서 양분을 얻습니다. 식물처럼 땅에 뿌리를 내리지도 않는답니다.
>
> 버섯은 균류에 속합니다. 균류는 크기가 매우 작아서 현미경으로 관찰해야 볼 수 있습니다. 버섯은 작은 균이 눈에 보일 정도로 자란 것입니다.
>
> 버섯은 자연에서 나무의 껍질이나 낙엽, 동물의 사체에 붙어 기생합니다. 죽은 생물에서 양분을 얻는 과정에서 사체를 아주 작은 조각으로 분해해 자연으로 돌려보내는 일을 하지요.

2 바이러스와 세균의 차이점을 들고, 바이러스가 생물이 아닌 까닭을 설명하세요.

	바이러스	세균
차이점		
바이러스가 생물이 아닌 까닭		

3 버섯을 식물로 볼 수 없는 이유는 무엇인가요?

▲버섯은 엽록체가 없어 스스로 양분을 만들지 못한다.

> 생각이 쏘옥

4 동물이 양분을 얻어 에너지로 바꾸는 과정을 설명하세요.

5 동물과 식물이 호흡할 때 다른 점을 비교하세요.

▲동물은 호흡 기관과 몸속의 세포를 이용해 호흡한다. 이에 비해 식물은 세포를 통해서만 호흡한다.

> **머리에 쏘옥**
>
> ### 동식물 호흡의 차이점
>
> 호흡이란 생물이 공기 중의 산소를 들이마시고 몸속의 이산화탄소를 밖으로 내보내는 활동입니다. 호흡이 멈추면 생명 활동도 멈춰서 죽게 되지요.
> 동물은 대개 허파나 피부, 아가미 등의 호흡 기관을 이용해 호흡합니다. 식물이 내뿜는 산소를 이용해 호흡하지요. 세포로 하는 호흡도 있습니다. 몸속의 양분이 산소와 만나 에너지로 바뀌는 활동이지요. 살아 있는 모든 생물의 세포에서는 호흡이 일어납니다.
> 식물은 세포 호흡만 합니다. 세포를 이용해 밤낮으로 산소를 마시고 이산화탄소를 내뿜지요. 하지만 동물과 달리 낮에는 이산화탄소를 이용해 양분과 산소를 만듭니다. 따라서 낮에는 이산화탄소보다 산소를 공기 중에 더 많이 내보냅니다. 햇빛이 없어 광합성이 일어나지 않는 밤에는 동물처럼 이산화탄소만 내보냅니다.

6 생물의 진화 사례를 한 가지만 더 들어 보세요.

▲사막여우는 몸의 열을 바깥으로 잘 내보낼 수 있도록 귀의 크기를 키웠다. 발바닥에도 털이 빽빽이 나 있어 모래 위를 걸을 때 발이 빠지지 않는다

7 아래 제시한 글을 참고해서 동식물을 꾸준히 연구해야 하는 까닭을 이야기해 보세요.

청색기술은 생물의 모습이나 특성에서 아이디어를 얻어 개발한 기술이다. 벨크로 테이프는 도꼬마리를 관찰한 뒤 씨앗에 달린 갈고리를 본떠 1948년 개발되었다. 일본은 1996년 물총새의 길쭉한 부리와 날렵한 머리 모양을 고속 열차의 디자인에 접목했다. 그 결과 소음은 줄이고, 속도는 시속 600km까지 높일 수 있었다.

▲일본은 고속 열차를 디자인할 때 물총새의 부리 모양을 본떠, 소음은 줄이고 속도는 높일 수 있었다.

<신문 기사 참조>

머리에 쏘옥

선인장이 사막에 적응한 까닭

선인장의 잎은 뾰족한 가시 모양입니다. 그래서 잎을 통해 수분이 증발하는 양이 적습니다. 가시 모양의 잎 덕분에 물을 찾는 새나 곤충 등의 공격에서 자신을 보호할 수도 있지요. 선인장은 물이 있는 곳을 찾아 뿌리를 길게 내리거나 넓게 퍼뜨릴 수 있습니다. 비가 내렸을 때는 물을 많이 흡수해 오랫동안 저장할 수 있지요.

동식물의 연구를 꾸준히 해야 하는 까닭

동식물을 연구하면 생긴 모습이나 살아가는 방법에서 아이디어를 얻어 문제를 해결하고 기술을 발달시킬 수 있습니다.

독일의 식물학자는 물을 튕겨내는 연잎의 원리를 이용해 물에 젖지 않는 옷감을 개발했답니다. 남아프리카공화국의 건축가는 흰개미의 집을 본떠 한여름에도 온도가 섭씨 21~25도로 유지되는 건물을 지었습니다.

동식물에서 사람들에게 도움이 되는 성분을 찾아내 약이나 건강 식품을 개발할 수도 있습니다.

동식물을 보호하고 멸종을 막는 데도 도움이 됩니다. 동식물의 습성을 알면 그들에게 맞는 서식지와 먹이를 마련하고, 복원하는 데도 도움이 되지요.

7 발효와 부패

자연과학

▲우리나라의 대표적인 전통 발효 식품인 김치.

김치는 우리나라를 대표하는 전통 발효 식품입니다. 외국에서도 빵이나 치즈, 요구르트 등 발효 식품을 먹습니다. 발효는 사람의 건강에 도움을 주는 물질을 만들어 냅니다. 그런데 발효가 잘못되면 식품이 부패하기도 합니다. 발효와 부패의 차이를 알아보고, 발효가 생활에서 어떻게 활용되는지 탐구합니다.

발효와 부패의 차이

▲우유와 유산균이 만나면 우유가 걸쭉하게 변하면서 요구르트가 만들어진다.

발효와 부패는 미생물의 호흡 때문에 발생한다. 미생물은 호흡을 하는 과정에서 자기의 생명 유지에 필요한 에너지를 얻고, 다른 물질을 만들어 낸다. 이때 만들어 낸 물질이 사람에게 이로우면 발효, 해로우면 부패라고 한다.

발효와 부패는 미생물의 호흡 결과 일어나는 공통점이 있지만, 사람에게 어떤 영향을 주느냐에 따라 구분되는 말이다.

우유를 가방이나 사물함에 넣어 둔 뒤 깜박했다가 하루나 이틀쯤 지나 꺼내면 이상한 냄새가 나는 경우가 있다. 우유가 부패했기 때문이다. 우유에 아무것도 넣지 않고 따뜻한 곳에 보관하면 미생물과 접촉해 부패균이 나온다. 상한 우유가 이상한 냄새를 풍기는 까닭은 부패균 때문이다. 부패균이 생긴 식품을 먹으면 배탈이 나므로 이상한 냄새가 나는 우유는 마시지 말아야 한다.

그런데 우유에 유산균을 넣고 따뜻한 곳에 보관할 경우 발효되면서 요구르트가 만들어진다. 유산균은 부패균이 자라지 못하게 막는다. 또 사람의 소화를 돕고 장을 건강하게 한다. 우유를 발효시킨 유산균도 미생물 가운데 하나이지만, 이로운 물질을 만들어 내기 때문에 부패와는 구분된다. 발효는 부패와 달리 사람이 일정한 조건과 환경을 만들어 줘야 나타난다.

이런 뜻이에요

미생물 세균이나 곰팡이처럼 매우 작아서 눈으로는 볼 수 없고 현미경으로 관찰할 수 있는 생물.
유산균 세균의 활동을 막고 사람의 소화를 돕는 미생물.
장 흡수와 배설을 담당하는 소화 기관.

발효를 활용한 식품

우리나라와 외국 모두 발효 식품을 먹는다. 우리나라는 김치와 된장, 외국은 포도주와 치즈 등이 대표적이다.

세계적으로 발효 식품이 발달한 까닭은 식품의 보관 문제 때문이다. 냉장고가 나오기 전에는 식품의 부패를 막거나 늦추면서 오래 저장해서 먹을 수 있는 방법이 필요했다. 발효는 부패균이 자라지 못하게 막는 효과가 있었기 때문에 식품의 저장 기간을 늘릴 수 있었다.

▲김치는 채소를 소금물에 절였다가 고춧가루와 마늘 등 양념을 묻혀 담근다. 발효 작용이 나타나 부패하지 않고 맛있게 익는다.

김치는 채소를 소금물에 절였다가 고춧가루와 마늘 등으로 만든 양념을 묻혀 담근다. 김치를 담그면 미생물의 작용으로 속에 든 공기가 사라진다.

▲포도주를 담글 때 포도가 발효되는 모습.

그리고 거기서 공기를 싫어하는 유산균이 자라나 발효 작용이 나타난다. 유산균은 김치에 시원하고 새콤한 맛을 더할 뿐 아니라, 장에 들어가면 소화를 돕는 물질이 나올 수 있게 한다. 또 유산균은 부패균의 활동을 막아 오랫동안 식품을 보관해도 상하지 않게 돕는다.

포도주의 포도를 발효시키는 물질은 포도 껍질에 있는 효모균이다. 효모균은 포도의 단맛이 나는 성분을 먹은 뒤 알코올을 만들어 낸다. 발효된 포도주는 떫은맛을 내는 물질을 만들어 내는데, 이는 스트레스를 줄이고 심장병에 도움이 된다. 효모가 만들어 낸 알코올은 포도주의 보관 기간을 늘리는 역할을 한다.

이런 뜻 이에요

효모균 신체 기능이 활발해질 수 있도록 만드는 미생물.

발효를 활용한 기술

과학 기술이 발전하면서 미생물을 분리해 기르는 일이 가능해지자, 발효를 일으키는 미생물을 활용한 기술이 늘어나고 있다. 최근에는 발효의 원리를 활용해 음식물 쓰레기를 처리하는 기계가 발명되었다. 기계에는 유산균과 효모균 등을 합쳐 만든 미생물이 서식한다. 여기에 음식물 쓰레기를 넣으면 미생물과 접촉해 발효가 일어나고, 음식물 쓰레기가 물과 이산화탄소, 그리고 이물질로 바뀌어 하수구로 흘러든다.

▲미생물의 발효 작용을 활용해 식품 쓰레기를 처리하는 기계.

식물에서 나온 물질을 발효시켜 만드는 바이오 연료도 생산되고 있다. 바이오 연료는 자동차나 오토바이 등에 사용되는 석유를 대체할 가능성이 큰 것으로 평가를 받는다. 바이오 연료는 옥수수나 사탕수수 등에서 얻은 물질을 발효시켜 만든다. 이때 발효에 필요한 미생물이 포도주 발효에 이용되는 효모균이다.

발효를 통해 얻은 물질을 활용한 화장품도 시장에서 관심을 받고 있다. 콩과 과일, 한약재 등과 미생물이 만나 발효가 일어나고, 그 과정에서 생긴 피부에 이로운 물질을 화장품에 넣는 것이다. 이러한 물질은 일반 화장품보다 크기가 작아 피부에 잘 흡수된다. 자연에서 나온 물질을 이용해 만들어 피부에 자극이 덜하다는 장점도 있다.

▲바이오 연료로 달리는 자동차.

생각이 쑤욱

1 부패균은 사람의 건강에 어떤 영향을 미치나요?

2 발효와 부패의 공통점과 차이점을 설명하세요.

	발효	부패
공통점		
차이점		

3 미생물의 호흡과 발효의 관계를 세 문장으로 서술하세요.

 머리에 쏘옥

미생물과 호흡

생물은 호흡을 통해 에너지를 얻어요. 사람은 산소를 호흡해 자기가 먹은 음식물을 분해해 에너지를 얻습니다.

그런데 미생물은 산소가 없이 호흡합니다. 이를 무산소 호흡이라고 부르지요. 무산소 호흡을 하면 자기가 먹은 식품을 완전히 분해하지 못하고 일부만 에너지로 사용할 수 있어요. 나머지로는 새로운 물질을 만들어 내는데, 이 물질이 사람에게 이로우면 발효라고 합니다.

유산균은 무산소 호흡을 통해 젖산이라는 물질을 만들어 내서 사람의 장 건강에 도움을 주지요. 효모는 알코올을 만들어 술을 만드는 데 널리 사용하고 있습니다.

▲효모의 모습. 비타민 등이 들어 있어 건강 식품으로 먹기도 한다.

> 생각이 쏘옥

4 김치가 발효되는 과정을 설명했는데, 빈칸을 채우세요.

배추를 소금에 절인다.	배추에 양념을 버무려 담근다.	김치를 보관한다.
유산균을 뺀 다른 미생물들이 점점 죽는다.		발효된 김치는 시원하고 새콤한 맛을 낸다.

5 유산균과 효모균이 식품을 발효시켰을 때 나타나는 공통점을 제시하세요.

> 💡 머리에 쏘옥
>
> ### 세계의 발효 식품
>
>
>
> ▲일본의 대표적 전통 발효 식품인 '낫토'.
>
> 냉장고가 등장하기 전에는 자연 상태에서 식품의 보관 기간을 늘릴 수 있는 방법이 필요했어요. 그래서 발효 식품은 어느 나라에서나 찾아볼 수 있지요.
>
> 일본에서는 우리나라의 청국장과 비슷한 낫토를 먹어요. 낫토는 삶은 콩을 낫토균에 발효시킨 식품이에요. 몸에 피를 잘 돌게 하는 효과가 있답니다.
>
> 독일에는 사우어크라우트가 있어요. 양배추를 유산균에 발효시킨 식품이지요. 소시지와 곁들여 먹는데, 소화를 돕는 역할을 합니다. 유산균 때문에 김치처럼 신맛이 나는 특징이 있지요.
>
>
>
> ▲독일의 대표적인 전통 발효 식품인 사우어크라우트.

6 발효를 활용한 기술이 환경에 해를 끼치지 않는 까닭은 무엇인가요?

7 아래 예시를 참고해, '발효'라는 단어를 이용해 다른 사람을 칭찬해 보세요(300자).

> 미생물이 호흡할 때 사람에게 쓸모없는 물질이 만들어지는 현상을 부패라고 한다. 그런데 부패라는 말은 사람을 평가할 때도 사용한다. 공무원이 뇌물을 받거나 나쁜 짓을 하면 '부패한 공무원'이라고 부른다.

머리에 쏘옥

발효와 바이오 연료

미국과 브라질 등 여러 나라에서는 발효를 이용해 대체 에너지를 만들고 있어요. 석유 등 화석 연료가 자연 환경을 파괴하고, 미래에 고갈될 위험이 있기 때문이지요.

석유를 대체할 에너지원으로 바이오 연료가 주목을 받고 있어요. 지금은 자동차 연료에 바이오 연료를 섞어 사용한답니다.

바이오 연료는 설탕의 원료인 사탕수수에서도 얻을 수 있어요. 사탕수수를 미생물과 발효시키면 알코올이 나오지요. 그 알코올에서 물 등을 걸러내면 바이오 연료가 됩니다.

바이오 연료는 사탕수수나 옥수수, 감자, 고구마 등으로 만들기 때문에 농업을 활성화하는 데도 도움이 됩니다.

▲바이오 연료 생산에 쓰이는 사탕수수를 수확하는 모습.

붉은불개미가 정착하면 어떻게 될까

▲부산항에서 붉은불개미가 있는지 살펴보는 전문가들의 모습.

　지난 2018년 7월 인천항에서 붉은불개미의 여왕개미가 처음 발견되었습니다. 2017년 9월 부산항에서 붉은불개미가 처음 발견된 뒤 지금까지는 새끼를 치지 못하는 개미들만 발견되었지요. 하지만 여왕개미가 발견되면서 전국으로 퍼질 것이라는 걱정이 컸습니다. 붉은불개미가 어떤 곤충인지 알아보고, 우리나라에 정착할 경우 어떻게 될지 공부합니다.

어떤 곤충인가

▲붉은불개미의 여왕개미(오른쪽)는 8~10mm로, 일개미(왼쪽) 2.5~6mm보다 두세 배 크다.

지난 2018년 7월 인천항에서 붉은불개미의 여왕개미가 처음 발견되었다. 과거에는 번식을 못하는 일개미와 공주개미만 발견되었다. 하지만 여왕개미가 발견되자 붉은불개미가 우리 땅에 정착할 것이라는 우려가 컸다.

우리나라에서 붉은불개미가 처음 발견된 것은 2017년 9월 부산항에서였다. 전문가들은 붉은불개미가 부산항에 들어온 배와 화물을 통해 우리나라에 상륙한 것으로 보고 있다. 부산항에서는 여러 나라를 오가기 때문에 어떻게 전파되었는지 정확하게 밝혀지지 않았다.

붉은불개미는 원래 남미에서 서식했다. 그러다 유럽인들이 500년 전에 식민지를 만들려고 남미를 왕래하면서 유럽에 붉은불개미가 퍼졌다. 이웃 나라인 중국은 2004년, 일본은 2017년에 각각 들어왔다.

붉은불개미는 번식력과 생존 능력이 뛰어나다. 여왕개미는 6~9월에 매일 1500개쯤의 알을 낳을 수 있다. 붉은불개미는 곤충의 사체나 음식물 쓰레기 등을 닥치는 대로 먹어 치운다. 홍수나 가뭄, 추위에도 강하다. 홍수가 나면 자기들끼리 뭉쳐 뗏목 같은 모양을 하고 물을 떠다닌다. 가뭄 때는 지하수가 있는 곳까지 파고 들어가 물을 구한다. 겨울잠을 자지 않는데도 영하 9도의 추위에서도 살아남을 수 있다.

▲붉은불개미가 뭉쳐서 물 위에 떠다니는 모습.

이런 뜻 이에요

번식 짝짓기를 통해 생물의 개체 수를 늘리는 것.
공주개미 여왕개미가 되기 전의 암컷 개미. 수개미들과 혼인 비행을 마치면 여왕개미가 되어 번식할 수 있다.

정착하면 어떤 피해 일으킬까

붉은불개미는 지금까지 부산항과 인천항 등 항구에서만 발견되었다. 하지만 정부는 2018년 1월 생태계를 어지럽히고, 사람에게도 피해를 줄 가능성이 크다며 미리 생태계교란종으로 지정했다. 꽃매미에 이어 곤충으로는 두 번째로 지정되었다.

▲붉은불개미는 꼬리 부분에 날카로운 독침이 있다. 세계 100대 '악성 침입 외래종'에 속한다.

붉은불개미가 퍼지면 토종 개미들의 생존을 위협할 수 있다. 개미는 다른 집단의 개미를 공격하고 애벌레와 알까지 먹어 치우는 습성이 있다. 그런데 붉은불개미는 토종 개미들보다 공격적인데다 힘이 세서 '살인 개미'로 불린다. 따라서 붉은불개미가 정착하면 토종 개미들이 멸종할 수 있는 것이다.

붉은불개미는 식물의 뿌리와 덩이줄기까지 파괴해 성장을 방해한다. 또 씨앗과 과일을 먹어 치워 농장에서도 골칫거리다. 붉은불개미는 식물의 영양분을 빼앗아가는 진딧물과도 서로 도우며 산다. 진딧물은 식물에게 병을 옮기고 농사에도 방해가 되므로, 붉은불개미는 자연과 사람 모두에게 피해를 줄 수 있다.

붉은불개미는 독성이 강해 사람을 공격하면 문제가 된다. 독성은 말벌보다 약하지만, 어린이나 노약자들에게는 호흡 장애를 일으킬 수 있다. 미국의 한 연구 결과에서는 1930년대부터 지금까지 붉은불개미의 공격을 당해 80~100명이 사망한 것으로 보고 있다.

이런 뜻 이에요

생태계교란종 생태계의 균형을 깨거나 깰 우려가 있는 야생 생물. 환경부장관이 지정한다.
꽃매미 매미의 한 종류. 2008년에 생태계교란종으로 지정되었다. 나무 수액을 빨아먹어 성장을 방해한다.
덩이줄기 땅속에 있는 식물의 줄기. 식물의 영양분을 저장하는 역할을 한다.

어떻게 퇴치하고 있나

▲붉은불개미가 퍼지는 것을 막기 위해 항구에 들어온 화물과 주변을 소독하고 있다.

붉은불개미는 번식력이 강한 데다 천적도 없어서 퇴치하기가 어렵다. 우리나라에서는 여왕개미가 발견되었지만, 아직 항구에서만 나왔기 때문에 다른 곳으로 퍼지지 않게 막는 일이 중요하다.

따라서 붉은불개미가 어디까지 퍼져 있으며, 어느 정도 번식했는지부터 파악해야 한다. 현재 먹이덫을 활용하고 있는데, 곤충이 좋아하는 햄을 먹이로 놓고 끈적이는 물질을 바닥에 뿌려 유인해 붙잡는다. 붉은불개미가 잡히면 개미가 의사를 소통할 때 내뿜는 페로몬을 분석해 그 집단이 어느 정도 번식했는지, 여왕개미가 있는지 등을 알 수 있다. 특히 여왕개미는 멀리까지 날아다닐 수 있기 때문에 붉은불개미가 어디서 번식하는지 반드시 알아야 한다.

정부는 2018년 6월부터 붉은불개미가 들어올 가능성이 있는 항구에 전문가를 보내 화물을 소독하고 감시를 강화했다. 붉은불개미가 발견된 지역에는 독이 든 먹이를 뿌렸다. 붉은불개미가 서식하기에 좋은 항구의 바닥에 난 틈을 메우는 공사도 했다.

호주에서는 붉은불개미 떼의 공격 때문에 농업과 목축업의 피해가 커지자, 정부에서 붉은불개미 멸종 작전을 펼치고 있다. 붉은불개미 살충제를 공중에서 뿌리거나, 개미집을 발견해 살충제를 직접 흘려 넣는 방식이다.

이런 뜻 이에요

페로몬 동물이 몸 밖으로 내보내서 같은 종에게 특정한 반응을 일으키도록 하는 물질.

생각이 쑤욱

1. 붉은불개미의 여왕개미와 공주개미, 일개미의 역할이나 특징을 구분하세요.

	역할 또는 특징
여왕개미	
공주개미	
일개미	

2. 붉은불개미가 번식력과 생존 능력이 뛰어난 까닭은 무엇인가요?

▲붉은불개미는 식물도 갉아먹는다.

3. 붉은불개미를 생태계교란종으로 미리 지정한 이유를 말해 보세요.

💡 머리에 쏘옥

여왕개미 발견되어 확산 가능성 커져

2018년 9월 부산항에서 처음 발견된 붉은불개미는 일개미들이어서 번식이 불가능했어요. 그래서 발견된 개미를 없애고, 감시만 하면 되었죠.

다음 해 2월에 인천항에서 발견되고, 6월에는 평택항과 부산항에서 또 발견되었지요. 이때 발견된 붉은불개미도 일개미이거나 공주개미였어요.

따라서 붉은불개미가 스스로 번식할 수 있는 단계는 아니라고 파악했지요.

그런데 7월에 여왕개미가 발견되면서 문제가 커졌어요. 여왕개미는 6월부터 9월까지 매일 1500개쯤의 알을 낳을 수 있고, 멀리 날 수도 있습니다.

그만큼 붉은불개미가 확산할 수 있는 가능성이 커진 것이지요.

▲부산항에서 붉은불개미를 유인하려고 설치한 덫.

생각이 쑤욱

4 붉은불개미는 왜 '살인 개미'로 불리나요?

5 붉은불개미가 우리나라에 정착할 경우 사람과 자연 생태계에 끼칠 악영향을 정리하세요.

	예상되는 악영향
자연 생태계	
사람	

 머리에 쏘옥

붉은불개미는 정말 '살인 개미'일까

붉은불개미가 국내에서 처음 발견되었을 때 독성 때문에 '살인 독개미'로 알려졌어요. 미국에서 1년에 약 100명이 붉은불개미의 독침에 쏘여 죽는다는 보도가 나왔기 때문이었죠.

하지만 1년에 100명이 죽는다는 뉴스는 사실과 달라요. 1930년대부터 지금까지 80~100명이 붉은불개미에 쏘여 죽었을 거라는 연구 결과는 있어요. 하지만 그 사람들도 모두 붉은불개미에 의해 죽었다고 볼 수는 없다고 해요.

붉은불개미의 독성은 우리나라의 말벌보다 훨씬 약하답니다. 그래서 쏘여도 대부분 염증이 생기는 정도로 끝납니다.

하지만 길을 가다가 개미집을 들추거나, 땅에 떨어진 물건을 함부로 주우면 안 됩니다. 붉은불개미에게 쏘일 수 있습니다.

▲붉은불개미는 처음에 '살인 독개미'로 알려졌다. (사진 : SBS 뉴스 화면 캡처)

6 우리 정부가 붉은불개미를 퇴치하려고 기울이는 노력을 정리하세요.

7 우리나라 생태계의 균형을 깰 수 있는 외래 생물이 들어올 경우 어떤 문제가 생기는지 구체적인 예를 들어 설명하세요(300자).

> 가시박은 북미가 원산지인 1년생 식물이다. 줄기는 4~8m 까지 뻗는데, 덩굴손으로 주변의 다른 나무나 풀 등을 감고 영양분을 빨아 먹으며 자란다. 그리고 주변의 다른 식물이 자라지 못하게 하는 물질까지 내뿜기 때문에 '식물계의 황소개구리'라고 불린다. 30여 년 전 국내에 들어와 퍼졌는데, 이대로 두면 살아남을 식물이 없을 것이라는 우려가 크다. 2009년 생태계교란종으로 지정됐다.

▲식물의 생태계를 어지럽히는 외래 생물 가시박.

💡 머리에 쏘옥

우리나라의 외래 생물 뉴트리아

남미가 원산지인 뉴트리아는 웬만한 고양이보다 크고, 쥐처럼 주황색의 날카로운 대문니가 있어 '괴물쥐'로 불립니다.

엄청난 먹성과 1년에 30마리가 넘게 새끼를 치는 번식력 때문에 습지 생태계 파괴의 주범으로 떠올랐습니다. 습지에는 이들의 천적도 없습니다.

1985년 모피를 얻거나 식용으로 쓰려고 유럽에서 수입했다가 쥐를 닮아 혐오감 때문에 버려졌습니다.

원래는 초식성인데, 국내에 적응하는 과정에서 물고기나 개구리, 곤충, 새, 심지어 나무뿌리까지 닥치는 대로 먹어 치웁니다.

낙동강 가의 미나리 단지는 뉴트리아가 줄기를 갉아 먹어 쑥대밭이 됐습니다. 주변의 가물치 양식장도 마찬가지입니다.

국내 최대의 자연 습지인 경남 창녕 우포늪도 뉴트리아의 소굴이 된 지 오래되었습니다.

▲'괴물쥐'라고 불리는 뉴트리아.

고래와 지구 온난화

▲대왕고래는 몸길이가 30m에 이르며, 몸무게가 200톤이 넘는 것도 있다. 고래의 배설물에는 철분이 풍부해 식물플랑크톤이 양분을 만드는 일을 돕는다.

고래는 바다에서 살지만 새끼를 낳고 젖을 먹여 기르는 포유동물입니다. 고래는 지구 온난화를 막는 역할을 합니다. 하지만 사람들이 고래를 마구 잡는 바람에 멸종 위기에 놓여 있습니다. 고래가 어떤 동물인지 알아보고, 지구 온난화를 어떻게 막는지 공부합니다.

육지에서 살다가 바다로 간 포유동물

▲고래의 꼬리지느러미는 위아래로 빠르게 움직일 수 있도록 발달했다.

고래는 5000~6000만 년 전부터 지구에서 살기 시작했다. 그때는 육지에서 네 발로 걸어 다녔다. 그 뒤 바다로 들어가 살면서 앞발은 앞지느러미로 발달했다. 꼬리는 위아래로 움직이게 발달해 먹이를 손쉽게 사냥할 수 있게 되었다. 뒷다리는 없어져서 흔적만 남았다.

고래는 물고기가 아니라 새끼를 낳아 젖을 먹여 키우는 포유동물이다. 2~3년마다 한두 마리의 새끼를 낳아 키우고, 30~100년을 산다. 숨을 쉴 때는 물 위로 나와 등에 난 구멍으로 숨을 들이마시고 내뱉으며 허파로 호흡한다.

고래는 수염이 있는 수염고래와 이빨을 가진 이빨고래로 나뉜다. 수염고래는 바닷물을 빨아들인 뒤 입안에 나 있는 긴 털을 이용해 물을 걸러내면서 크릴 등 작은 먹이를 주로 먹는다. 이빨고래는 수염이 없는 대신 작은 이빨이 촘촘히 나 있어 오징어나 물고기, 조개 등을 먹고 산다.

고래는 초음파를 쏘아 되돌아오는 음파로 먹이의 위치나 주변의 지형, 물의 깊이도 알아낸다. 그리고 각각 서로 다른 음파를 보내 수천 ㎞ 떨어진 곳에 있는 동료들과 소통한다.

이런 뜻 이에요

크릴 작은 새우와 비슷한 플랑크톤의 일종. 남극 주변의 바다에 많이 산다.

멸종 위기에 놓인 고래

1800~1900년대 산업이 발달하면서 고래 기름을 사려는 사람이 늘어났다. 그때는 석유가 널리 사용되기 전이어서 고래 기름이 주요 에너지원으로 쓰였다. 특히 이빨고래의 기름은 불을 밝히는 연료나 공장의 기계를 돌리는 윤활유로 사용되었고, 향유고래의 기름은 비누나 양초를 만드는 데 사용되어 비싼 값에 팔렸다. 고래의 뼈와 수염으로는 우산이나 낚싯대를 만들었다.

▲울산시 장생포 고래박물관에는 고래 기름을 짜는 사람들의 모습을 재현한 모형이 전시되어 있다. 고래 기름을 짜는 솥과 기름통이 연결되어 있다.

나라들마다 돈벌이를 위해 고래를 마구 잡아들였다. 기름을 많이 얻을 수 있는 대왕고래와 향유고래가 주요 사냥감이었다. 대왕고래는 1900년에 35~40만 마리였는데, 1966년에 돈벌이를 위한 고래잡이가 금지될 때까지 90%(100 가운데 90)가 넘게 줄었다.

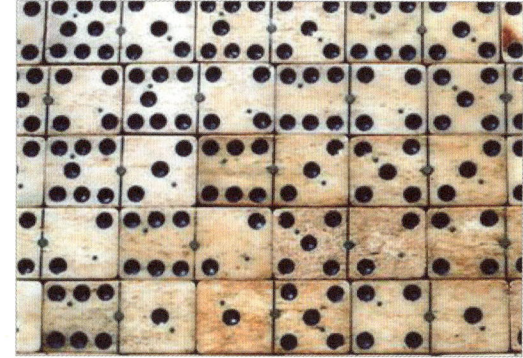
▲고래의 뼈로 만든 도미노 장난감.

국제 사회는 대형 고래의 수가 갑자기 줄자 1986년부터 모든 종류의 고래 사냥을 금지했다. 고래는 대규모 사냥에서는 벗어났지만, 여전히 멸종 위험에 놓여 있다. 과학 연구를 핑계로 고기를 얻기 위한 사냥이 계속되는 데다, 어부들이 쳐 놓은 그물에 걸려 죽는 것도 적지 않기 때문이다. 기후 변화로 서식지가 파괴되고, 바다에 흘러든 플라스틱 쓰레기와 오염 물질도 고래의 생명을 위협한다.

이런 뜻 이에요

향유고래 이빨고래의 한 종류. 몸길이는 11~20m, 몸무게는 20~27톤이다. 등은 검은 회색, 배는 연한 붉은색이다.
대왕고래 수염고래의 한 종류. 몸길이는 20~30m, 몸무게는 120~180톤이다. 잿빛을 띤 흰색으로, 흰색 얼룩점이 있다.

고래 마구 잡아 지구 온난화 부추겨

▲바다에서 배설물을 배설하는 향유고래. 고래의 배설물에는 식물 플랑크톤이 번식하는 데 필요한 철분이 풍부하다.

지구 온난화는 주로 온실가스인 이산화탄소가 증가하면서 일어난다. 바다에 사는 식물플랑크톤이 흡수하는 이산화탄소의 양은 육지 식물 전체가 흡수하는 양의 60%에 이른다.

하지만 바다에 철분이 부족하면 플랑크톤이 번식하기가 어렵다. 식물플랑크톤은 철을 흡수한 뒤 식물처럼 햇빛을 받아 이산화탄소와 물을 이용해 양분을 만든다. 그런데 고래의 배설물에는 같은 양의 바닷물보다 1000만 배나 많은 철분이 포함되어 있다. 식물플랑크톤이 크릴이나 작은 물고기의 먹이가 되고, 크릴과 작은 물고기는 고래의 먹이가 되기 때문이다.

고래는 바다 깊은 곳을 헤엄쳐 다니다 해수면 가까이에 올라와 배설물을 배설해서 플랑크톤에게 철분을 제공한다. 향유고래 한 마리가 1년에 50만 톤의 철분을 뿜어내는데, 이는 20만 톤의 이산화탄소를 줄이는 효과가 있다. 1년에 자동차 4만 대가 내뿜는 이산화탄소의 양과 맞먹는다.

몸무게가 수백 톤이 넘는 고래가 죽어서 분해되면 이산화탄소가 많이 발생하지만, 죽은 고래는 바다 밑바닥에 가라앉는다. 따라서 고래는 이산화탄소를 바다 밑바닥에 가두는 역할도 한다.

이런 뜻 이에요

온실가스 이산화탄소와 메테인 등 지구 온난화를 일으키는 대기 중의 기체.
플랑크톤 수중 생물 가운데 부유 생물. 식물플랑크톤과 동물플랑크톤으로 나뉘는데, 스스로 운동 능력이 없거나 아주 약하다.

생각이 쑤욱

1. 고래와 바닷물고기의 공통점과 차이점을 말해 보세요.

	고래	바닷물고기
공통점		
차이점		

머리에 쏘옥

고래가 바다로 간 까닭

고래가 바다로 간 까닭은 육지에 먹이가 부족했기 때문입니다.

고래의 조상이 살던 약 5500만 년 전에는 공룡 등 몸집이 큰 파충류가 사라지고, 포유동물이 번성하던 때였습니다.

그래서 육지에서는 경쟁자가 너무 많아 먹이를 구하기가 어려웠지요. 경쟁에서 밀린 고래는 먹이 때문에 바다를 선택하게 되었습니다.

처음에는 바닷가에서 먹이를 구하다가 바다에 조금씩 익숙해지자 바다와 육지를 오가면서 생활했습니다.

그러다 시간이 갈수록 머리 모양은 앞뒤로 길어지고 앞다리와 꼬리는 지느러미로 변해 바다에 살기에 알맞은 몸이 되었답니다.

2. 수염고래와 이빨고래의 차이점은 무엇인가요?

▲대왕고래의 수염. 수염으로 물을 걸러내 먹이를 잡아먹는다.

3. 육지에서 살던 고래가 어떻게 바다로 들어가 살게 되었는지 추측해 보세요.

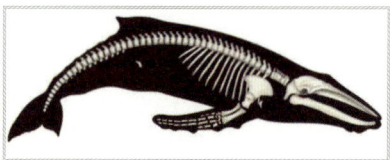

▲고래는 먹이를 찾아 바다와 육지를 오가면서 바다에 알맞게 진화했다.

> 생각이 쑤욱

4 1900년대부터 고래가 빠르게 줄어든 까닭을 세 가지만 제시하세요.

5 상업적인 고래잡이를 금지했어도 여러 가지 이유로 고래가 멸종 위기에서 벗어나지 못하고 있습니다. 고래를 보호할 수 있는 방법을 아는 대로 제시하세요.

▲지난 2019년 이탈리아의 바닷가에서 죽은 채 발견된 향유고래 뱃속에서 22kg의 플라스틱 쓰레기가 쏟아져 나왔다.

 머리에 쏘옥

우리 바다에서 사는 밍크고래를 보호하기 위한 노력

밍크고래는 우리나라 바다에서 사는 유일한 대형 고래입니다. 약 1600마리가 사는 것으로 알려져 있습니다.

일본은 고래 사냥이 금지된 뒤에도 연구를 핑계로 해마다 수백 마리의 대형 고래를 잡고 있습니다. 특히 지난 2018년까지 18년 동안 주인이 없는 바다에서 밍크고래 6778마리를 잡았습니다.

그런데 일본은 2019년 7월부터 고래 사냥을 다시 시작했습니다. 이렇게 되면 우리나라 바다에 사는 밍크고래가 사냥감이 될 수 있습니다.

우리나라는 1986년부터 고래를 잡지 못하게 하고 있습니다. 그물에 걸린 고래만 사고팔 수 있지요.

우리 정부는 앞으로 고래가 이동하는 길을 정확하게 파악한 뒤, 군함과 헬기를 동원해 불법적인 고래 사냥을 단속한다고 합니다.

6 고래가 지구 온난화를 막는 과정을 설명하세요.

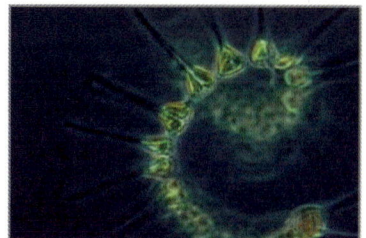

▲식물플랑크톤은 이산화탄소와 물을 흡수해 양분을 만든다.

7 고래가 멸종했을 경우 어떻게 하면 식물플랑크톤을 늘릴 수 있을지 아이디어를 내 보세요(300자).
☞ 고래의 배설물에는 플랑크톤의 생존에 필요한 철분이 풍부합니다.

> **머리에 쏘옥**
>
> ### 지구 온난화와 고래의 관계
>
> 과학자들은 1930년대에 식물플랑크톤이 번식하는 데 철분이 필요하다는 사실을 알았습니다. 철분이 부족한 바다에서는 다른 영양분이 많아도 바다가 황폐해졌기 때문이지요.
>
> 그래서 바다에 철분을 뿌리면 식물플랑크톤이 풍부해져 이산화탄소가 줄어들 것이라고 생각했지요. 하지만 환경 단체의 반대에 부딪혀 그러지 못했습니다.
>
> 그 뒤 호주의 한 연구팀은 수염고래가 바다에 내뿜는 철분의 양을 계산했더니, 남극의 바닷물에 포함된 철분의 12%가 수염고래에게서 나왔다고 합니다.

전염병 옮기는 모기를 박멸하면 좋을까

▲모기의 활동이 활발해지는 여름을 앞두고 모기를 없애려고 소독약을 뿌리고 있다.

　우리나라가 점점 아열대 기후로 바뀌면서 모기도 들끓고 있습니다. 모기에게 물릴 경우 말라리아 등 여러 가지 전염병에 걸릴 수 있지요. 아프리카의 어린이들은 30초에 1명씩 말라리아에 걸려 숨진다고 합니다. 그래서 나라마다 모기를 모조리 없애기 위해 노력하지요. 그런데 지구에서 모기를 박멸한다고 좋기만 할지 알아봅니다.

모기는 어떤 곤충인가

모기는 1억 년 넘게 덥거나 추운 곳을 가리지 않고 거의 모든 지역에서 살아왔다. 세계적으로 3500여 종이 있는데, 이 가운데 200여 종이 사람에게 질병을 옮긴다. 우리나라에서는 50여 종이 서식한다.

▲수모기(왼쪽)와 암모기. 수모기의 더듬이에 달린 털이 훨씬 더 많다. 이 털은 암컷이 내는 소리를 구분하는 데 쓰인다.

모기는 알→애벌레(장구벌레)→번데기→성충의 단계를 거치는 완전 탈바꿈 곤충이다. 알과 애벌레, 번데기는 물에서 살고, 성충만 육지에서 산다.

성충은 서식지에서 최대 2km까지 날면서 수액이나 과즙을 빨아 영양분을 섭취한다. 암컷은 짝짓기를 마친 뒤 알을 낳는 데 필요한 단백질을 얻으려고 동물의 피를 빤다.

알은 대개 물 위에 150개쯤 낳는다. 천적이 없으며 물이 고여 있고 수온이 적당한 곳에 낳는다. 알에서 성충이 되기까지는 13~20일이 걸린다. 온대 지방 모기는 알을 낳은 지 24시간 안에 부화해 장구벌레가 된다. 장구벌레는 공기 호흡 기관인 숨관과 물속 호흡 기관인 아가미를 모두 가지고 있다. 장구벌레는 일주일 뒤면 번데기가 되고, 번데기는 사흘쯤 지나면 성충이 된다.

▲암모기도 알을 낳는 시기가 아니면 수액이나 과즙을 빨아 먹고 산다.

암모기는 한 달 정도 살면서 세 번쯤 알을 낳고 죽는다. 겨울잠을 자면서 움직이지 않고 지내면 5~6개월도 살 수 있다. 수컷은 짝짓기를 하고 나서 며칠 뒤 죽는다.

이런 뜻 이에요

완전 탈바꿈 곤충이 자라는 동안 알, 애벌레, 번데기의 세 단계를 거쳐 성충이 되는 현상. 불완전 탈바꿈은 애벌레가 번데기를 거치지 않고 바로 성충으로 탈바꿈하는 것이다.
수액 땅속에서 줄기를 통해 잎으로 올라가는 액체.

모기를 박멸하면 좋은 점

모기는 말라리아와 뎅기열, 황열, 일본뇌염, 지카바이러스 등 여러 가지 병을 옮긴다. 학자들은 세계 인구의 절반이 모기가 옮기는 전염병에 걸릴 위험에 놓여 있다고 말한다. 말라리아로 죽는 사람만 1년에 100만 명이 넘는다. 이 때문에 치료비 등에 돈이 많이 드는데, 말라리아 치료비로만 세계적으로 1년에 120억 달러(약 14조 5000억 원)가 먹힌다.

따라서 모기를 박멸하면 모기가 옮기는 질병에 걸려 고통을 당하는 사람도 없고, 목숨을 잃는 사람도 없어 인구가 늘어난다. 치료비 등에 들이는 돈을 절약해 다른 복지에 사용할 수도 있다. 모기 살충제나 물웅덩이 등의 소독제, 방충망 비용도 절약할 수 있다.

살충제나 소독제를 뿌릴 경우 환경을 오염시키고 다른 생물을 함께 죽여 **생태계**를 파괴할 수도 있는데, 이를 막을 수 있다. 모기가 살 자리를 없애려고 풀밭을 없애지 않아도 된다. 풀밭을 없애면 곤충과 개구리, 작은 새 등이 살 곳을 잃는다.

모기 퇴치 연구 인력과 비용도 다른 연구에 돌릴 수 있다. 호주에서는 뎅기열을 없애려고 모기에게 질병을 일으켜 죽이는 살충제를 연구하고 있다. 미국에서는 질병을 옮기지 않는 수컷 모기만 태어나도록 하는 기술을 개발했다.

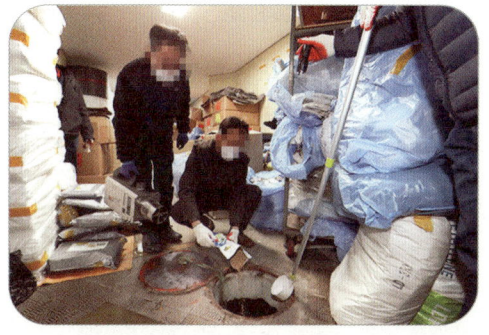
▲건물의 정화조에서 모기의 애벌레를 없애는 작업을 하는 서울의 한 구청 공무원들.

이런 뜻 이에요

생태계 생물이 살아가는 세계. 그 안에서 생물끼리 또는 주변 환경과 영향을 주고받으며 산다.

모기를 박멸하면 나쁜 점

모기는 다른 곤충들처럼 생태계에서 자기 몫을 하고 있다. 따라서 학자들은 모기를 모조리 없애면 예측하기 힘든 부작용을 일으킬 것이라고 한다. 먼저 모기를 박멸할 경우 일시적으로는 모기가 옮기는 질병이 사라지겠지만, 장기적으로는 모기 대신 다른 곤충이 더 나쁜 질병을 더 빠르게 퍼뜨릴 수도 있다고 한다.

▲남미의 열대 지방에서 자라는 카카오. 키는 12m에 이른다. 주로 모기가 가루받이를 한다.

모기를 박멸하면 장구벌레를 먹이로 삼는 미꾸라지 등 물고기와 잠자리 애벌레, 물방개 등이 굶주리게 된다. 성충을 먹이로 삼는 새와 박쥐, 풀벌레 등도 먹이 부족에 시달린다. 모기는 또 다양한 미생물의 숙주 역할을 하기 때문에 이들에게도 위험이 닥친다.

모기는 또 풀꽃의 가루받이를 해 주므로 수많은 식물이 번식에 어려움을 겪게 된다. 열대에서 자라는 카카오 등 작물의 가루받이가 안 돼 초콜릿도 먹을 수 없다.

우리나라의 경우 해마다 수많은 모기가 태어나는데, 장구벌레들이 물속의 오염 물질을 먹어 치워 1년에 대형 댐 대여섯 개와 맞먹는 양의 물을 정화한다.

▲모기의 성충을 잡아먹고 사는 동굴 박쥐.

윤리 문제도 따른다. 사람이 천연두 바이러스를 박멸했을 때처럼 칭찬을 들은 예외 사례도 있지만, 모기를 없애면 생태계의 한 구성원을 멸종시키는 일이다. 그런데 사람에게 그럴 권리가 있느냐는 것이다.

이런 뜻 이에요

숙주 자기 몸에 기생해 사는 생물에게 영양을 공급하는 생물.
천연두 천연두바이러스에 감염되어 일어나는 전염병. 높은 열이 나고 몸에 발진이 생긴다. 19세기 이후 백신이 개발되어 거의 사라졌다.

생각이 쑤욱

1 82쪽 밑줄 친 내용에 알맞은 곳을 세 가지만 제시하세요.

2 모기가 왜 여러 가지 질병을 옮길 수 있는지 82쪽 내용에서 실마리를 얻어 추측해 보세요.

☞ 태아의 소두증을 일으키는 지카바이러스는 1947년 아프리카 우간다의 붉은털원숭이에서 처음 발견되었습니다.

▲붉은털원숭이

3 모기는 성충이 되면 활동성이 강해 잡기가 어렵기 때문에 애벌레일 때 처리해야 합니다. 애벌레를 없앨 수 있는 방법을 생각해 보세요.

▲모기의 애벌레인 장구벌레.

머리에 쏘옥

모기가 알을 낳는 곳

모기는 깨끗한 물보다는 주로 물이 고여 약간 썩은 곳에 알을 낳습니다.

집에서는 화장실이나 주방, 화분 물받이 등 물이 고인 곳에 알을 깝니다. 도심의 정화조나 하수구, 각종 수조(물을 담아 두는 큰 통), 방화용수, 물웅덩이 등을 들 수 있습니다. 도시 바깥에는 하천이나 저수지, 늪, 쓰레기장 등에 낳습니다.

가장 효과적인 모기 박멸 방법은 애벌레 없애기

모기는 기온이 영상 14도쯤 되면 활동을 시작합니다. 그런데 모기가 성충이 되기 전 애벌레 단계인 2~3월이 모기를 없애기에 좋은 때입니다. 성충이 되면 활동성이 커져 잡기 어렵습니다. 겨울에 애벌레 1마리를 잡으면 성충 500여 마리를 잡는 효과가 있답니다.

정화조나 하수를 소독하고, 물웅덩이의 물을 빼거나 메웁니다. 애벌레가 사는 하천이나 늪, 저수지의 수초를 없애고, 애벌레를 잡아먹는 미꾸라지 등 물고기를 풀어놓습니다. 미꾸라지 한 마리가 하루에 1000마리를 넘는 애벌레를 잡아먹는답니다.

생각이 쑤욱

4 83쪽 밑줄 친 부분에서 절약한 치료비를 아프리카 어린이들을 위해 쓴다면 어떻게 도울 것이며, 그 이유는 무엇인지도 말해 보세요.

모기가 옮기는 질병

말라리아(학질)는 말라리아 원충에 감염된 모기에 물리면 걸립니다. 고열과 두통, 땀을 흘리는 증세가 나타납니다. 병균이 몸에 들어가 증세가 나타나는 잠복기는 보통 14일이지만, 1년 뒤 나타나기도 합니다. 예방약이 있습니다.

뎅기열은 뎅기바이러스에 감염된 모기에게 물리면 걸립니다. 갑자기 고열이 3~5일간 나고, 두통과 관절 통증이 있습니다. 초기에 몸 전체에 붉은 반점이 생깁니다. 백신은 없습니다.

황열은 이집트숲모기가 옮기는데, 잠복기는 3~6일입니다. 열과 두통, 구토 증세가 있습니다. 심하면 피부가 누렇게 변합니다. 백신이 있습니다.

일본뇌염은 작은빨간집모기에 의해 감염이 되는데, 고열과 두통이 있습니다. 사망률은 30%인데, 백신이 있습니다.

지카바이러스는 임신부가 감염되었을 때 태아의 머리가 작아지는 소두증을 일으킵니다. 잠복기는 3~7일인데, 열이 나고 피부에 염증이 생겨 붉게 변합니다. 백신이 없습니다.

5 종이를 만들기 위해 열대 우림에서 나무를 몇 그루 베어 내면 주변 생태계가 어떻게 영향을 받을지 먹이사슬 관계로 추측해 보세요.

☞ 원숭이나 금강앵무 등 새는 나무에 의지해 삽니다. 벌도 나무에 집을 짓고 살지요. 나무 그늘 밑에 사는 식물도 있고, 습기에 의존해 사는 생물도 있습니다.

▲열대 우림의 나무.

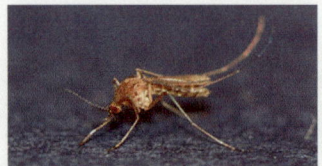
▲일본뇌염을 옮기는 작은빨간집모기.

6 모기의 생김새나 특성을 이용해 사람에게 이익을 주는 발명 아이디어를 한 가지만 내 보세요.

☞ 군대에서 모기를 닮은 로봇을 만든 뒤, 눈 대신 카메라를 달아 적의 진영을 들키지 않고 들여다 볼 수 있다.

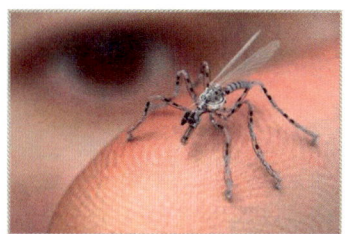

▲원격으로 조종되는 모기 로봇. 누군가의 몸에 내려앉아 모기처럼 피를 빨아 유전자를 채취할 수 있다.

7 행복이는 모기를 모두 없애야 사람들에게 이익이 된다고 주장합니다. 이러한 행복이의 주장을 84쪽의 내용을 참고해 반박하세요(300자).

머리에 쏘옥

모기 입을 본떠 만든 무통 주사기

환자들이 날마다 주사를 맞아야 한다면 그 고통은 참기 어려울 것입니다.

일본의 한 의료 기기 업체는 모기 입을 본떠 통증이 없는 주삿바늘을 만들고, 2004년에 특허를 냈습니다. 모기가 아무 고통도 주지 않고 피를 빨아 먹는 데서 아이디어를 얻은 것입니다.

모기가 아프지 않게 피를 빨 수 있는 까닭은 모기의 들쭉날쭉한 입 모양 덕분입니다.

길쭉한 입의 표면이 조그만 톱니 모양으로 되어 있는데, 모기가 물 때 이 들쭉날쭉한 입의 끝 부분만 피부와 닿지요. 그러니 닿는 부위가 거의 없어서 고통을 주지 않는 것입니다.

▲모기 입을 본떠 만든 무통 주사기.

민주주의란 무엇인가

▲국민이 뽑은 대표자인 국회의원들이 국회에 모여 나랏일을 의논하고 있다.

우리나라는 민주주의 국가입니다. 민주주의란 국민이 주인이 되어 스스로를 다스리는 것을 말합니다. 그런데 우리나라의 민주주의는 시작된 지 그리 오래되지 않았습니다. 민주주의란 무엇이며, 어떤 과정을 거쳐 발전했는지 탐구합니다.

민주주의 시작과 발전

▲옛날 그리스인들이 광장에 모여 나랏일을 결정하려고 토론하는 모습을 상상해 그린 그림.

민주주의란 모든 국민이 나라의 주인이 되어, 스스로를 다스리는 정치 방식을 말한다. 국민이면 누구나 주권(주인의 권리)을 자유롭고 평등하게 행사해 자신의 대표자를 선택할 수 있다. 그리고 정부가 하는 일을 비판할 수 있다. 또 이러한 권리는 법으로 보장을 받는다.

민주주의는 기원전 5세기 초 그리스에서 시작되었다. 그때의 그리스인들은 광장에 모여 의견을 나누고, 나랏일을 직접 투표를 통해 결정했다. 하지만 그리스에서 태어난 남성 어른만 투표에 참여할 수 있었고, 여성이나 이민자, 노예 등은 제외되어 진정한 민주주의라고 보기는 어려웠다.

민주주의가 앞서 발전한 영국이나 미국에서도 처음엔 여성과 흑인에게는 투표권을 주지 않다가 나중에 누구에게나 평등하게 주었다. 그리고 과거에는 왕이나 임금 등 독재자가 나랏일을 모두 결정하고, 국민은 이에 따라야 하는 독재 국가가 더 많았다. 독재자들은 민주주의를 좋아하지 않았기 때문에 국민들은 주권을 찾기 위해 독재자와 맞서 싸워야 했다.

우리나라도 일본에게 나라를 빼앗겼던 일제강점기(1910~45)까지는 민주주의가 아니었다. 그러나 그 뒤 나라를 되찾고 민주주의가 발전했다.

직접민주주의와 대의민주주의

▲서울 여의도에 있는 우리나라의 국회의사당. 국민이 뽑은 국회의원들이 이곳에서 법을 정하거나 폐지하는 일을 한다.

민주주의는 직접민주주의와 대의민주주의로 나뉜다.

직접민주주의는 나라의 중요한 일을 모든 국민이 한데 모여 직접 투표로 결정하는 방식이다. 국토가 작고 국민이 적었던 옛날엔 직접민주주의를 할 수 있었다.

그러나 오늘날엔 국토의 크기가 훨씬 커졌고, 국민 수도 많아져 모든 국민이 한곳에 모여 의견을 듣고 결정을 내리기 어려워졌다. 따라서 대다수 국가는 국민을 대신해 일하는 대표자를 뽑아 중요한 일을 결정하도록 맡기는 대의민주주의를 실시한다. 예컨대 대표자는 대통령과 국회의원, 도지사와 시장 등 지방자치단체장을 말한다.

대의민주주의는 직접민주주의보다 효율적이지만, 대표자가 국민의 말에 따르지 않고 자기 생각대로 처리할 수 있는 단점이 있다. 그리고 일반 국민은 나랏일에 관심을 두지 않기도 한다. 대표자가 일을 잘하는지 꼼꼼하게 살펴야 하는 이유가 여기에 있다. 생활하면서 바르지 못한 일을 겪었을 때도 이를 개선해 달라고 대표자에게 요구해야 한다.

대표자들은 나랏일을 결정하기에 앞서 자신을 뽑아 준 국민의 의견을 듣고, 서로 의견이 다른 사람을 설득해 타협을 이끌어 내야 한다. 대의민주주의를 채택한 국가는 대다수가 대표자를 뽑거나 나라의 중요한 문제를 결정할 때 직접민주주의 방식인 국민투표를 실시한다.

민주주의 지키는 선거의 4가지 원칙

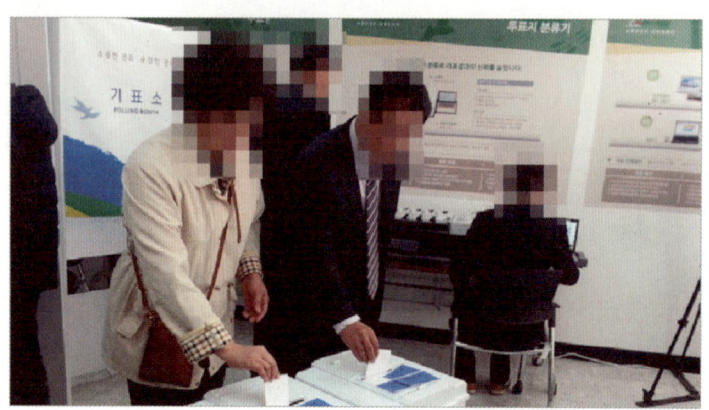

▲투표장에 나온 유권자들이 투표함에 자기가 원하는 후보를 표시한 기표용지를 넣고 있다.

대의민주주의에서 국민이 투표를 통해 대표자를 뽑는 일을 선거라고 한다. 우리나라에선 대통령과 국회의원, 시장, 도지사 등을 선거를 통해 뽑는다.

선거에서 뽑힌 사람은 정해진 기간 동안 국민의 대표자로 일할 수 있다. 이 기간이 지나면 물러나거나 다시 후보로 나서서 대표자로 뽑혀야 한다.

선거에 나온 후보들은 자신이 대표자가 되면 유권자를 위해 어떤 일을 할지 공약해야 한다. 유권자들은 어떤 후보의 공약이 자신에게 이익이 되고 사회 발전에도 도움이 되는지 따져 보고 투표하면 된다. 이때 후보자가 내세운 공약이 실천 가능성이 적을 경우 그 후보자에게 투표하지 말아야 한다.

선거를 할 때는 보통선거, 평등선거, 비밀선거, 직접선거 등 4가지 원칙을 지키도록 법으로 정해져 있다. 보통선거란 만 19세 이상의 성인은 누구나 투표에 참가할 수 있다는 말이며, 평등선거는 모든 사람이 똑같이 1표씩만 투표할 수 있다는 뜻이다. 직접선거는 유권자가 다른 사람을 시키지 않고 직접 투표 장소에 나가 투표하는 것이고, 비밀선거는 누구에게 투표했는지 알 수 없도록 하는 제도다. 이러한 4가지 원칙을 지키지 않으면 투표 결과가 조작되어 유권자들이 원하는 후보가 당선되지 않을 수 있다.

이런 뜻 이에요

유권자 선거할 권리를 가진 사람. 우리나라는 만 19세 이상이어야 한다.

> 생각이 쑤욱

1 옛날 그리스의 민주주의를 진정한 민주주의로 볼 수 없는 까닭을 말해 보세요.

2 독재 정치와 민주주의 정치의 다른 점을 아는 대로 비교해 보세요.

독재	민주주의

3 민주주의 국가에선 왜 모든 국민의 자유와 평등이 보장되어야 하나요?

▲피부색이 다르다고 차별하면 참된 민주주의를 이루기 어렵다.

💡 머리에 쏘옥

민주주의 사회의 자유와 평등

민주주의에선 국민 누구나 원하는 대로 생각하고 행동할 자유를 가져야 합니다. 자유가 없다면 자기가 원하는 정치인을 대표자로 뽑을 수 없으며, 잘못을 저지른 정치인을 잘못했다고 비판할 수도 없지요. 직업을 선택하거나 거주지를 맘대로 옮길 수도 없습니다.

그리고 모든 국민은 평등하게 권리를 누려야 합니다. 가난하거나 피부색이 다르다는 이유로 차별을 당한다면 나라의 주인 대접을 받지 못하는 것이지요.

따라서 모든 사람이 자유롭고 평등해야 참된 민주주의 국가를 이룰 수 있답니다.

▲국민에게는 누구나 대표자들이 나라를 잘못 다스리면 이를 비판할 수 있는 자유가 있어야 한다.

> 생각이 쑤욱

4 국민의 대표자를 선출할 때 인격과 능력 면에서 어떤 사람을 뽑아야 할지 말해 보세요.

▲대통령 선거 유세 현장. 국민은 공약을 보고 투표하기 때문에 대표자는 무엇보다 공약을 잘 지켜야 한다.

5 대의민주주의에서는 대표자가 국민의 말에 따르지 않고 자기 생각대로 일을 처리해 국민에게 피해를 줄 수 있습니다. 따라서 인터넷을 이용해 이러한 문제를 해결할 수 있는 아이디어를 내 보세요.

☞ 대표자는 구청장이나 군수, 시장, 도지사, 국회의원, 대통령 등이 있습니다.

▲국무총리실이 만든 온라인 '국민 신문고'. 국민이 당하는 억울한 일을 올리면 해결해 준다.

머리에 쏘옥

국민 의사를 직접 알릴 수 있는 국민 신문고와 청와대 국민 청원 게시판

국민이 정의롭지 못한 일을 겪었을 때 국무총리실(국민권익위원회)이 만들어 놓은 온라인 국민 신문고(www.epeople.go.kr)에 들어가 알릴 수 있습니다.

청와대의 경우 홈페이지 안에 국민 청원(www1.president.go.kr/petitions) 게시판을 만들어 놓고 국민 누구나 자신의 의견을 자유롭게 밝힐 수 있도록 했습니다.

민주주의가 아니었던 과거 조선 시대에도 이와 비슷한 신문고 제도가 있었습니다. 대궐 밖의 문루에 큰 북을 매달아 놓고, 억울한 일을 당한 사람이 이 북을 두드리면 임금이 직접 해결해 주는 제도였지요.

※문루 아래에는 문을 내고, 위에는 누각을 지어 사방을 두루 살피는 기능을 가진 건물.

▲조선 시대에는 억울한 일을 당한 백성이 대궐 밖 문루에 매달린 큰 북을 울리면 임금이 해결해 주었다.

6 선거의 4대 원칙이 지켜지지 않으면 각각 어떤 문제가 발생하며, 결국 민주주의에 어떤 악영향을 줄지 설명해 보세요.

	지켜지지 않을 경우의 문제점
보통선거	
평등선거	
비밀선거	
직접선거	
민주주의에 미치는 악영향	

7 다음 두 반장 후보 가운데 누구에게 투표할지 결정하고, 그 이유도 대 보세요(300자).

> 행복이 : 내가 반장이 되면 공부 잘하는 반을 만들겠어. 방과후에 함께 모여 공부하는 모임을 만들고, 공부 못하는 친구를 돕는 학습 도우미도 둘 거야.
> 행운이 : 내가 반장이 되면 왕따가 없는 반을 만들겠어. 친구들이 사이좋게 지내도록 매주 금요일에는 칭찬대회도 열고, 월말엔 단합 모임을 가질 거야.

💡 머리에 쏙쏙

선거의 4원칙이 지켜지지 않으면 어떻게 될까

보통선거가 지켜지지 않으면 판단력이 없는 아기에게도 투표권을 줘야 하므로 올바른 의사 결정을 하기 어렵습니다.

평등선거를 지키지 않으면 부자나 권력이 있는 사람 등에게 더 많은 투표권이 주어지므로 그들만을 위한 정치가 이뤄집니다.

직접선거를 하지 않으면 대리로 투표할 수 있기 때문에 자기 의견과 다르게 투표가 이뤄질 수 있습니다.

비밀선거가 이뤄지지 않으면 어떤 사람이 누굴 뽑았는지 알려지기 때문에 국민들끼리 다툼이 일어나 사회가 혼란에 빠질 수 있지요. 나중에 보복을 당할 수도 있습니다.

결국 유권자들이 원하는 후보가 당선되지 않아 참된 민주주의 실현이 어렵게 됩니다.

▲비밀투표가 이뤄지지 않으면 국민들끼리 편을 갈라 다툼이 일어날 수 있다.

우리나라 화폐의 발달

▲화폐는 생산과 소비를 늘려 경제 발전에 도움을 준다.

    화폐는 물건에 값을 매기고, 물건을 사는 데 쓰입니다. 저축을 해서 재산을 늘리는 데 쓰이기도 하지요. 화폐는 옛날 물품 화폐부터 오늘날 전자 화폐에 이르기까지 시대에 따라 다르게 발달했습니다. 우리나라 화폐의 발달 과정을 공부합니다.

삼국 시대에는 쌀과 베를 화폐로 사용

▲먼 옛날에는 물물 교환으로 필요한 물건을 얻었기 때문에 화폐가 필요하지 않았다.

아주 먼 옛날에는 필요한 물건을 스스로 만들어 사용했다. 그런데 기술이 발달하면서 쓰고 남은 식량과 물건이 생기자, 사람들은 서로 물건을 바꿔서 필요한 물건을 얻었다. 하지만 물물 교환 방식은 무척 불편했다. 서로 원하는 물건이 다르기도 하고, 사람마다 생각하는 물건 값이 달랐기 때문이다. 그래서 사람들은 특정한 상품을 화폐로 정하고, 시장에 모여 물건을 사고팔게 되었다.

삼국 시대에는 주로 쌀과 베가 화폐 역할을 대신 했다. 고구려와 삼한 지역에서는 철을 얻는 기술이 발달해 쇠붙이가 사용되었고, 백제와 신라의 귀족들 사이에서는 금이 화폐로 쓰이기도 했다. 그런데 물품 화폐는 모양이 쉽게 변하고, 가지고 다니기에도 불편했다. 따라서 좀 더 편리하게 사용할 수 있는 금속이나 종이로 된 화폐가 등장했다.

▲볍씨가 담긴 항아리의 모습. 쌀은 시장에서 물건을 사거나 나라에 세금을 낼 때 화폐처럼 사용되었다.

화폐가 사용되면서 물건에 값을 매겨 물건의 가치를 쉽게 비교할 수 있고, 물건을 사고팔기도 손쉬워졌다. 무엇보다 저축을 해서 재산을 불릴 수 있었으며, 가지고 있는 화폐로 언제든지 원하는 물건을 살 수 있게 되어 편리해졌다. 하지만 남의 화폐를 훔치거나 빼앗는 등의 범죄도 늘었다.

이런 뜻 이에요

삼한 삼국 시대 이전에 우리나라의 중남부에 있었던 마한, 진한, 변한 세 나라를 말한다.

고려 때 처음 나와 조선 시대에 널리 사용

고려 때인 996년에 쇠로 만든 우리나라 최초의 화폐(건원중보)가 나왔지만 녹이 잘 슬어 얼마 사용되지 못했다. 숙종(재위 1095~1105) 때도 동전과 은병 등을 만들어 화폐 사용을 장려했다. 그런데 지방에 상업이 발달하지 못해 널리 사용되지 못했다.

조선 시대에는 국가의 권력을 중앙에 집중시키기 위해 초기부터 화폐 사용을 늘리려고 했다. 태종(재위 1400~18)은 지폐인 저화를, 세종(재위 1418~50)은 동전인 조선통보를, 세조(재위 1417~68)는 전폐를 각각 만들었다. 하지만 이때도 상업이 발달하지 못했고, 화폐의 양도 적어 백성은 물품 화폐를 주로 썼다.

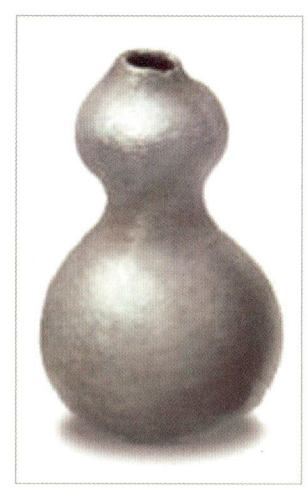
▲은 1근으로 만들어진 은병. 은병 1개는 쌀 15.6석의 가치가 있었다.

임진왜란(1592~97) 이후 농업과 상공업이 발달하면서 생산과 소비가 늘어 화폐 사용이 활발해졌다. 숙종(재위 1674~1720) 때인 1678년에 나온 상평통보(엽전)는 200년 넘게 사용되었다.

하지만 돈 많은 지주나 상인이 재산을 축적하는 데 이용해 화폐가 부족해지기도 했다. 고종(재위 1863~1907)의 아버지 흥선대원군은 경복궁을 고쳐 짓는 데 드는 비용을 대려고 당백전을 마구 찍어 내는 바람에 백성들이 고통을 당했다.

▲조선 시대에 전국적으로 사용된 상평통보.

이런 뜻 이에요

은병 1101년에 국토 모양을 본떠 은으로 만든 화폐.
저화 닥나무 껍질로 만들어 쓰던 종이돈. 1401년에 나와서 1512년에 폐지되었다.
전폐 평소에는 화폐로 쓰고 전쟁 때는 화살촉으로 쓰도록 쇠로 만든 돈.
흥선대원군 고종의 아버지. 1864년부터 1873년까지 어린 고종을 대신해 조선을 다스렸다.
당백전 대원군이 경복궁을 고쳐 짓는 데 필요한 돈을 대기 위해 찍은 화폐.

현대에는 신용 카드와 전자 화폐로 바뀌고 있어

우리나라는 1950년부터 중앙은행인 한국은행에서 발행하는 지폐와 동전 등 화폐를 사용했다. 한국은행은 화폐 발행 외에도 화폐의 액면가와 크기, 모양 등을 결정한다. 올림픽 등 기념할 행사가 있을 때는 기념 주화를 발행하기도 한다.

현재 사용되는 원화는 1966년부터 2009년까지 모양과 크기가 조금씩 바뀌면서 완성되었다. 1966년에 나온 1원과 5원짜리 동전은 지금 사용되지 않고, 500원권 지폐는 동전으로 바뀌었다. 2009년에는 5만 원권 지폐가 새로 나오면서 1만 원권 지폐의 발행이 줄었다.

최근에는 신용 카드와 전자 화폐의 사용이 늘면서 현금 사용이 줄었다. 현금보다 보관이 쉽고 편리하게 사용할 수 있기 때문이다. 전자 화폐는 실제 화폐는 아니지만 현금이나 신용 카드의 역할을 대신하고 있다. 흔히 사용되는 전자 화폐는 체크 카드와 교통 카드 등이 있는데, 반도체 칩이 들어 있는 카드나 스마트폰 등의 전자 기기에 디지털 형태로 현금 카드 또는 신용 카드 기능을 저장해 사용한다. 전자 화폐를 사용할 때는 인터넷에 연결된 단말기에 대거나 결제 프로그램을 이용하면 된다.

▲보관과 사용이 편리한 전자 화폐 사용이 늘고 있다.

▲교통 카드는 현금을 충전해서 사용한다.

이런 뜻이에요

중앙은행 화폐를 발행하는 일을 하는 등 나라에서 가장 중심이 되는 은행.
액면가 화폐의 표면에 적힌 가격.
기념 주화 중요한 사건이나 행사를 기념해 특별히 만든 주화(쇠붙이를 녹여 만든 화폐).
체크 카드 은행에 예금된 돈의 액수만큼만 사용할 수 있는 카드.
반도체 칩 컴퓨터를 구성하는 기본 부품으로, 연산과 정보 기억, 제어 등을 수행한다.

생각이 쏘옥

1 오늘날 화폐는 어떤 역할을 하는지 세 가지만 예를 들어서 설명하세요.

☞ 문구점에 가서 가격을 비교한 뒤, 친구의 생일 선물을 사는 데 이용할 수 있습니다.

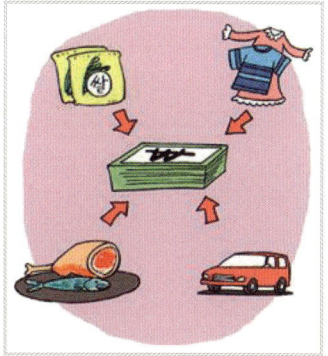
▲화폐는 물건을 살 때 사용한다.

머리에 쏘옥

쌀과 베가 화폐 대신 쓰인 까닭

물품 화폐는 주변에서 구하기 쉽고, 생활하는 데 꼭 필요하며, 누구에게나 가치가 있는 물건으로 정해졌습니다. 그래서 아주 옛날에는 대개 곡물이나 소금, 금속, 옷감, 짐승의 가죽, 가축 등으로 정했지요.

삼국 시대부터 조선 초기까지는 주로 쌀과 베를 물품 화폐로 사용했습니다. 쌀은 우리나라의 주요 생산품이었고, 베는 옷을 짓거나 이불을 만드는 등 생활에 필요했기 때문이지요. 특히 고려 말에 중국에서 들여온 목화로 짠 무명(면직물)은 전국적으로 생산되고 사용되었기 때문에 물품 화폐로 적당했습니다.

2 삼국 시대에 주로 쌀과 베가 화폐 대신 쓰인 까닭은 무엇일까요?

▲우리나라에서는 벼농사를 많이 짓는다.

3 고려 시대에 화폐가 널리 사용되지 못한 이유를 생각해 보세요.

생각이 쏘옥

4 조선 후기에 화폐의 사용이 늘어난 원인을 추측해 보세요.

▲조선 후기 화가 신윤복(1758~?)이 그린 '저잣길'(시장길). 생선 장수 여인의 모습을 그렸다.

5 99쪽의 밑줄 친 내용을 읽고, 고통을 당한 백성의 입장에서 흥선대원군의 잘못을 지적하세요.

 머리에 쏘옥

흥선대원군의 잘못된 생각

화폐도 다른 물건처럼 많이 찍어 내면 가치가 떨어집니다. 예를 들면 지금보다 화폐를 2배로 늘릴 경우 과거 1000원으로 2개를 살 수 있던 과자를 1개밖에 살 수 없지요. 결국 화폐를 많이 발행할수록 물가가 오릅니다.

흥선대원군은 왕권을 강화하기 위해 임진왜란 때 불에 탄 경복궁을 다시 짓고, 외국의 침입에 대비하려고 했어요. 그러려면 돈이 많이 필요했지요. 그런데 국가에 돈이 부족해 화폐(당백전)를 많이 찍어 1867년부터 사용하도록 했습니다. 그러자 물가가 5~6배 넘게 치솟아 백성들이 큰 고통을 당했지요. 결국 다음 해 10월에 당백전 사용을 중단했습니다.

▲흥선대원군이 경복궁을 고치는 데 드는 비용을 대려고 찍어 낸 당백전.

6 화폐가 발달하면 편리하기도 하지만 부정적인 면도 있습니다. 세 가지만 예를 들어 설명하세요.

▲화폐가 발달하면서 전화를 이용한 금융 사기가 늘고 있다.

7 화폐에는 대개 인물이 그려져 있습니다. 10만 원권이 나온다면 어떤 인물을 넣을지 밝히고, 그 인물을 정한 까닭도 이야기해 보세요.

머리에 쏘옥

화폐에는 어떤 인물을 넣을까

세계의 화폐에는 주로 사람의 얼굴이 들어가 있습니다. 얼굴은 복잡해서 위조를 막는 효과가 크답니다.

화폐에 들어가는 인물은 국민에게 존경을 받고, 큰 업적을 남겼어야 합니다.

2007년 한국은행에서는 5만 원권과 10만 원권에 넣을 인물 10명의 후보를 정했습니다. 국민을 대상으로 한 설문 조사 결과와 전문가들의 의견을 받아 정했지요.

그 결과 2009년에 발행되기 시작한 5만 원권에는 신사임당이 들어갔습니다. 독립 운동가인 백범 김구(1876~1949) 선생으로 정해진 10만 원권은 발행이 취소되어 나오지 못했습니다.

▲5만 원권에는 조선 최고의 학자 가운데 한 명인 이이(1536~84)의 어머니인 신사임당(1504~51)의 얼굴이 그려져 있다. 신사임당은 조선 시대 어머니의 상징이자 최고의 여성상으로 평가를 받는다.

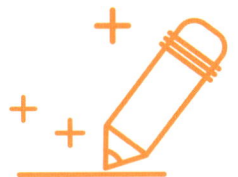

소득이 많으면 왜 세금을 더 낼까

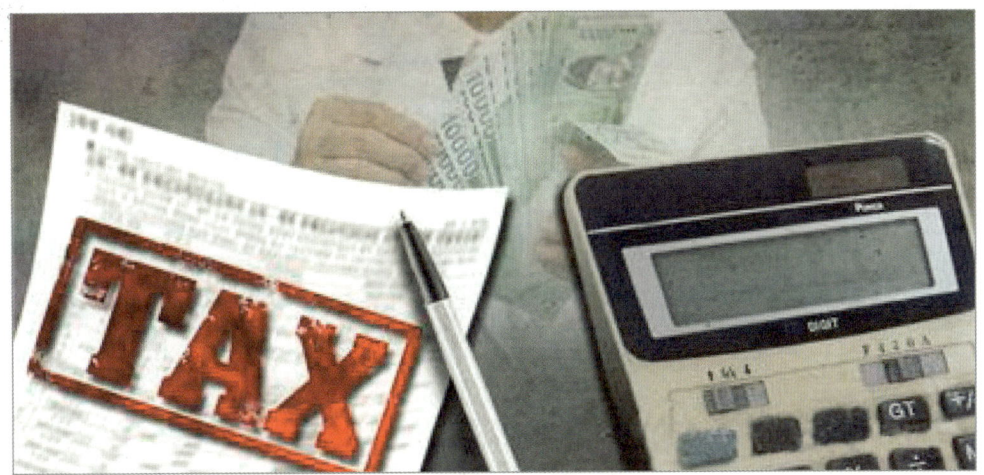

▲우리나라에서는 소득이 많으면 세금을 더 많이 낸다.

세금이란 정부에서 나라 살림에 들어가는 비용을 마련하려고 국민에게 거둬들이는 돈입니다. 정부는 해마다 나라 살림을 어떻게 할지 계획을 짜고 필요한 세금을 걷습니다. 따라서 세금을 내지 않는 사람이 늘어나면 나라의 살림이 어려워집니다. 성실하게 세금을 내는 국민은 피해를 보지요. 세금을 왜 내고, 세금이 어디에 쓰이며, 재산이 많으면 왜 세금을 더 많이 내야 하는지 공부합니다.

세금을 왜 내야 할까

정부는 국민이 행복하게 살 수 있도록 나라를 발전시키려고 세금을 물린다. 과소비를 막기 위해 세금을 부과하기도 한다. 비싼 수입 자동차나 귀금속 등 사치품에 세금을 많이 붙이면 제품 가격이 비싸져 필요 이상의 소비를 줄일 수 있다. 부자와 가난한 사람의 차이도 줄일 수 있다. 부자나 돈을 많이 버는 사람에게 세금을 많이 거둬 가난한 사람을 돕는 것이다.

▲세금을 내는 일은 국민의 의무다. 부자에게 세금을 더 많이 거둬 가난한 사람을 돕는 데 쓰기도 한다.

세금을 내는 일은 국민의 의무다. 일을 해서 돈을 벌거나 장사를 해서 이익을 남기면 그 가운데 일부를 세금으로 낸다. 집이나 땅 같은 재산을 가진 사람도 세금을 내야 한다. 어린이도 세금을 내는데, 물건 값의 10%(100 가운데 10)가 세금이다.

세금이 잘 걷히지 않으면 나라의 살림이 어려워지고 국민의 생활도 불편해진다. 그런데 세금을 적게 내기 위해 재산이 적다고 속이거나 버는 돈을 적게 신고하는 사람도 있다. 세금을 내지 않기도 한다. 이런 사람이 많으면 세금을 성실하게 내는 사람이 손해를 본다. 나라의 살림을 하는 사람들이 세금을 낭비해서도 안 된다. 그래서 세금을 쓸 때는 꼼꼼히 계획하고, 제대로 사용되었는지 확인한다.

세금 어디에 어떻게 쓰이나

▲세금은 국방과 교육, 경제 발전 등 나라에서 하는 모든 일에 사용된다.

세금은 나라에서 하는 모든 일에 쓰인다. 국민을 위해 일하는 대통령과 장관, 국회의원 등 공무원의 봉급을 주는 데 사용된다. 학교를 짓고, 일정 기간 평등하게 무료로 교육을 시키는 일에 사용되기도 한다. 국민의 삶의 질을 높이기 위해 도서관이나 미술관, 공원을 만드는 데도 들어간다.

그리고 도로나 철도, 공항, 항구 등을 건설하는 사업을 벌여 일자리를 만든다. 이렇게 만들어진 시설은 기업이 물건을 생산해 수출하는 데 도움이 되고, 국민도 편리하게 쓸 수 있다.

세금은 또 군대를 유지해 나라를 지키고, 경찰서와 소방서를 운영해 국민의 재산과 생명을 보호하며 사회 질서를 유지하는 데도 이용된다. 청소년을 보호하는 시설을 마련하고 경제적인 지원도 한다. 노인 복지는 물론 저소득층과 장애인 등 소외 계층을 돕고, 태풍이나 지진, 화재 등 재해를 당한 사람도 지원한다.

인공위성 등 돈이 많이 드는 첨단 과학 기술의 발달을 지원하고, 음악과 영화, 스포츠 등 여러 문화 행사를 지원한다. 굶주림에 시달리는 사람들과 환경 오염 등 국제 사회의 문제를 해결하는 데도 투입된다.

재산이 많으면 세금을 많이 내는 까닭

우리나라는 세금을 공평하게 걷는다. 따라서 돈을 많이 벌거나 부동산 또는 저축한 돈이 많을수록 더 많은 세금을 물린다. 이에 비해 소득이 적거나 부동산 등 재산이 적으면 적게 부과한다. 모든 사람에게 같은 금액의 세금을 물릴 경우, 소득이 적은 사람의 경제적 부담이 소득이 많은 사람보다 크기 때문에 불공평하다고 느낀다.

▲재산이 많을수록 세금을 많이 내야 돈이 부자들에게 몰리지 않게 막아 불평등을 줄일 수 있다.

소득에 따라 세금을 많이 물리는 일이 옳지 않다고 생각하는 사람도 있다. 이들은 열심히 일해서 번 소득에 세금을 많이 물리면, 실제로 버는 소득이 줄어 일할 의욕을 잃고, 결국 그 피해는 저소득층에게 돌아간다고 주장한다.

노동을 하지 않고 얻은 불로 소득에도 세금을 높게 매긴다. 부모에게 물려받은 재산이나 부동산을 팔아 생기는 이익, 남에게 공짜로 받은 돈, 복권 당첨금 등이 여기에 해당한다. 부자 부모를 둔 자식들에게 그대로 재산이 돌아가면 자식이 일하지 않아도 계속 부자로 살고, 가난한 사람은 계속 가난하게 살 수밖에 없다. 또 복권을 사거나 부동산 투기를 해서 돈을 벌면 열심히 일해서 돈을 버는 사람들의 불만이 커진다. 이렇게 되면 사회 발전이 어렵다.

생각이 쑤욱

1. 행복이가 슈퍼마켓에서 1000원짜리 아이스크림을 샀습니다. 행복이가 낸 세금은 얼마인가요?

2. 세금의 쓰임새를 세 가지만 들어 보세요.

▲세금은 나라를 발전시키고, 국민이 행복하게 살 수 있는 사회를 만드는 데 사용된다.

머리에 쏘옥

모두 같은 금액의 세금을 물리면 안 되는 이유

소득이나 재산의 많고 적음을 따지지 않고 똑같은 금액의 세금을 물리면 가난한 사람은 더 가난해지고 부자는 더 부유해집니다.

이렇게 되면 열심히 일해도 부자가 될 수 없으므로 노력하는 사람이 사라져 경제 발전이 어렵지요.

가난한 사람과 부자 사이의 갈등이 심해지고, 범죄도 증가합니다. 저소득층과 소외 계층이 늘어나는 바람에 삶의 질도 떨어집니다.

공동체 정신도 약해지므로 남을 돕는 일이 사라지고, 문제가 생겼을 때 서로 협력하지도 않게 됩니다.

3. 소득과 재산의 많고 적음을 따지지 않고 국민에게 똑같은 금액의 세금을 물리면 어떤 문제점이 생길지 추측해 보세요.

> 생각이 쏘옥

4 세금을 내지 않거나 속여서 적게 내면 안 되는 이유를 제시하세요.

▲탈세는 나라 살림을 어렵게 만들고, 성실하게 세금을 내는 사람에게 해를 입힌다.

> 💡 머리에 쏘옥
>
> **상속 재산이 많을수록 세금을 많이 물리는 이유**
>
> 부모의 상속 재산이 많을수록 세금을 많이 물리면 부의 대물림을 막을 수 있습니다.
>
> 과거에는 자기 노력으로 부자가 되는 사람이 적지 않았습니다. 하지만 지금은 스스로 노력해서 부자가 되기 어려우므로 가난한 집안 출신은 처음부터 불공정한 경쟁을 해야 하지요.
>
> 빈부 격차를 줄이려면 부자에게 거둔 세금으로 가난한 사람들에게 동등한 교육 기회를 줘야 합니다. 가난의 대물림을 끊을 수 있는 중요한 수단이 교육이기 때문이지요.

5 부모에게 재산을 상속 받을 때 세금을 많이 물리는 까닭을 설명하세요.
☞ 우리나라에서는 상속을 받는 재산이 많고 적음에 따라 10~50%를 세금으로 낸다.

6 아래 글을 읽고, 왜 이런 세금 낭비가 일어났는지 이야기해 보세요.

> 우리나라가 2018년에 국제 사회를 돕는 데 3조 482억 원을 지원했는데, 10년 만에 3배 가까이 늘었다. 하지만 지원금이 증가하면서 낭비되는 돈도 늘고 있다. 예를 들어 2010년 이후 2018년까지 아프리카 세네갈 주민에게 식수를 제공하려고 우물을 파는 데 123억 원이 쓰였다. 그런데 7곳의 우물에서 소금 성분이 나오는 바람에 먹는 물로 부적합해 세금만 낭비한 꼴이 되었다.

▲세네갈 주민에게 식수를 제공하려고 판 우물들이 식수로 적합하지 않다는 판정이 나왔다.

7 아래 글을 예로 들어 108쪽의 밑줄 친 부분의 주장을 꺾고, 부자들에게 세금을 더 많이 물려야 공평한 이유를 말해 보세요.

> 지난 2019년 6월 미국에서는 19명의 부자가 자기네와 같은 큰 부자들에게 세금을 많이 걷어야 공평하고, 민주주의를 더 발전시킬 수 있다고 말했다. 이들은 자기네들이 내는 세금이 기후 변화를 막기 위해 청정 에너지를 개발하고, 저소득층에게 평등한 교육 기회를 제공하는 데 쓰이기를 바랐다.

머리에 쏘옥

부자들의 사회적 책임

자본주의 사회에서는 부자일수록 돈을 더 많이 투자해서 더 많은 이익을 낼 수 있습니다. 따라서 선진국에서 존경을 받는 부자들은 사회에서 번 돈을 다시 사회로 되돌려 줘 가난한 사람의 고통을 나누는 것이 그들의 책임이라고 생각합니다.

이들이 낸 세금으로는 저소득층의 의료 보험 혜택을 늘리고, 대학 등록금을 지원하는 등 부를 고르게 배분하는 데 투자됩니다.

▲부자들에게 세금을 더 물리면 빈부 격차를 줄일 수 있다.

동물 학대 논란에 휩싸인 소싸움

▲청도소싸움축제에 출전한 두 마리의 황소가 뿔과 이마를 맞댄 채 힘을 겨루고 있다.

청도소싸움축제가 경북 청도군 소싸움 경기장에서 해마다 3월에 열립니다. 이 축제는 1990년 시작되었으며, 우리나라에서 가장 규모가 큰 소싸움 대회입니다. 소싸움은 옛날 농촌에서 키우던 소를 데리고 나와 너른 벌판에서 싸움을 붙이며 놀던 데서 유래했습니다. 최근 소싸움을 두고 민속놀이라는 의견과 동물 학대라는 의견이 맞서고 있어요. 소싸움은 언제 어떻게 시작되었는지 알아보고, 어떤 놀이인지 공부합니다.

2000년 전 시작된 민속놀이

소싸움은 두 소를 마주 세워 싸움을 붙인 뒤 이를 보며 즐기는 전통 민속놀이다. 우리나라에서 언제 시작되었는지는 기록이 없어 알 수 없다. 하지만 농사에 소를 이용하면서 자연스럽게 생긴 놀이라는 사실은 분명하다. 따라서 우리나라는 약 2000년 전부터 농사에 소를 썼기 때문에 이때부터 소싸움이 이루어졌을 것으로 추정한다.

▲옛날에는 소싸움이 벌어지면 마을 사람들이 모여서 응원전을 펼쳤다.

오락을 위해 소싸움을 붙인 것은 신라 시대 말엽쯤으로 보고 있다. 신라가 백제와 싸워 이긴 뒤, 이를 기념하려고 잔치를 벌인 데서 시작되었다는 것이다. 소싸움은 추석 무렵 이루어졌는데, 가을에 추수가 끝나면 농사일이 줄기 때문이었다. 마을에서는 가장 힘이 세고 잘 싸우는 황소를 골라 대회에 내보냈다. 들판이나 모래밭에서 소들이 맞서 싸우면 마을 사람이 모여들어 응원전을 펼쳤다. 자기 마을의 소가 이기면 주민 전체가 함께 기뻐하면서 잔치를 벌였다.

일제강점기(1910~45)에는 일본에 의해 전통 놀이라는 이유로 금지를 당했다. 그 뒤 1970년대 중반부터 경상남도를 중심으로 소싸움 대회가 다시 열렸고, 1990년대 이후에는 지역 축제로 자리를 잡았다.

전문가가 싸움소 체계적으로 훈련시켜

▲싸움소가 전문가의 손에 이끌려 시멘트를 넣은 폐타이어를 끌고 다니며 체력 훈련을 받고 있다.

소싸움의 규칙은 먼저 무릎을 꿇거나 넘어지는 소가 진다. 버티지 못하고 뒤로 밀리거나 도망가도 마찬가지다. 소들은 서로 뿔을 부딪쳐 공격하거나 이마를 맞대고 힘으로 밀어붙이는 등의 기술을 써서 대결한다.

소싸움은 몸무게가 비슷한 것끼리 붙이는 게 원칙인데, 몸무게에 따라 백두와 한강, 태백 등 3등급으로 나뉜다. 백두는 801kg 이상, 한강은 701~800kg, 태백은 600~700kg이다. 싸움소가 경기장에 나가면 처음에는 서로 노려보며 눈싸움을 한다. 그러다 주인이 맞붙게 유도하면 싸움이 시작된다. 이때 주인도 옆에서 소리를 치며 응원한다. 경기 시간이 정해진 건 아닌데, 대개 20~30분이면 끝난다.

싸움소는 가슴이 발달하고 어깨가 높으며 두꺼워야 한다. 무엇보다 뿔이 곧고 날카로우며 위로 잘 뻗어야 한다. 주인은 이러한 소를 골라 전문적으로 훈련을 시킨다. 경기에서 이기려면 힘이 세고 기술이 좋아야 하기 때문이다. 그래서 몸집을 키우려고 영양가가 많은 사료를 준다. 그런 뒤 소에게 산길을 달리게 하거나 무거운 폐타이어에 시멘트를 집어넣어 끌고 다니게 해서 체력을 기른다.

권장할 전통 놀이냐, 없애야 할 동물 학대냐

▲동물 보호 단체는 소싸움을 동물 학대라면서 폐지를 요구한다.

소싸움 대회 폐지를 놓고 찬반 논란이 거세다. 동물 보호 단체들이 최근 소싸움이 동물을 학대하며 즐거움을 얻는 비윤리적 행위이므로, 중단해야 한다고 요구하고 있기 때문이다.

대회 폐지를 주장하는 사람들은 소가 원래 풀을 먹고 사는 순한 동물인데, 억지로 싸움을 시키는 것 자체가 동물 학대를 부추기는 일이라고 말한다. 경기를 하다가 뿔에 받혀 피를 흘리고, 심한 경우 죽는 소도 적지 않다. 대회 출전을 준비하는 과정에서 훈련을 과도하게 시키는 문제도 있고, 체력을 기르는 데 좋다고 초식 동물에게 동물성 사료를 먹여서 스트레스를 받는 일도 있다.

반대하는 사람들은 소싸움 대회가 일제강점기에 일본의 폐지 압력에도 꺾이지 않고 지금까지 이어온 전통 민속놀이라고 맞선다. 세계적으로 봐도 스페인의 투우, 태국의 닭싸움, 터키의 낙타싸움처럼 오래전부터 동물에게 싸움을 붙이는 전통 문화가 있다는 것이다. 그리고 정부가 민속 경기로 지정할 만큼 전통 문화로 보존할 필요가 있다는 입장이다. 소싸움 대회를 열어 벌어들이는 수입과 일자리 창출도 무시해서는 안 된다고 말한다.

생각이 쏘옥

1 소싸움이 과거에는 주로 추석 무렵에 열린 까닭을 말해 보세요.

▲조선 시대 화가 김홍도(1745~?)의 '논갈이'(27.8×23.8cm). 농부가 소에 쟁기를 달아 논을 갈고 있다.

2 우리나라에서 옛날부터 소싸움을 즐긴 까닭을 추측해 보세요.

3 동물 보호 단체에서 소싸움을 중단해야 한다고 주장하는 까닭은 무엇인가요?

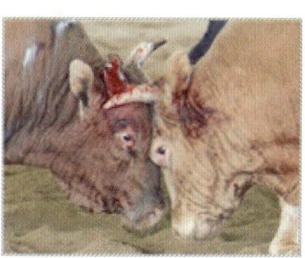

▲소들은 싸울 때 뿔에 받혀 피를 흘리기도 한다.

머리에 쏘옥

소와 농사

트랙터 같은 기계가 없던 옛날에는 가축의 힘을 빌려 농사를 지었습니다. 소는 사람의 힘으로 하기 힘든 쟁기질을 하거나, 무거운 곡식과 농기구를 실어 나르는 일을 했지요. 사람보다 힘센 가축의 힘을 이용하니 농사를 짓는 땅이 늘어나고 곡식의 수확량도 증가했습니다. 그래서 소를 귀한 재산으로 여겼습니다.

그런데 가을에 추수가 끝난 추석 무렵이면, 농부들과 소는 할 일이 별로 없었지요. 마을 사람들은 한 해 동안 농사를 짓느라 고생했으니, 서로를 위로하기 위해 소싸움 같은 행사를 열고 잔치를 벌였답니다.

농경 사회의 마을 공동체 생활을 하면서 힘든 노동을 하려면, 주민들이 단합을 다지는 계기도 있어야 했을 것입니다.

생각이 쑤욱

4 일제강점기에 왜 일본이 소싸움을 금지했을까요?

▲소싸움을 하면 사람들이 모여들어 한마음이 된다.

 머리에 쏘옥

일제강점기에 소싸움을 금지한 이유

일본은 일제강점기에 우리나라를 일본의 일부로 만들려고 했어요.

그래서 소싸움 같은 전통 민속놀이를 금지했습니다. 민족 정신을 억누르고, 우리 문화를 아예 없애려 했기 때문이죠.

소싸움을 빌미로 단합해서 일본에 저항할 것도 염려했답니다.

일본이 공식적으로 소싸움을 금지했어도 우리 민족은 중단하지 않았습니다.

5 전통 소싸움 대신 소들이 참여하는 새로운 경기를 제안하고, 경기 규칙도 제시하세요.

▲논을 정해진 깊이로 빨리 갈기 대회를 하면, 학생들에게 옛날 농사 방법도 가르치고 대회의 즐거움도 누릴 수 있다.

6 116쪽의 밑줄 친 부분을 이용해 우리나라의 소싸움 민속놀이의 전통을 이어받아 발전시켜 나가야 한다고 주장하세요.

▲스페인의 전통 투우 경기 모습.

7 동물 학대 논란을 최소화하면서, 전통 소싸움을 이어 갈 수 있도록 아이디어를 제시하세요(300자).

☞ 싸움소의 몸집을 불리려고 먹이를 강제로 먹이지 말고, 가혹한 훈련도 금지시켜야 합니다.

> **머리에 쏘옥**
>
> ### 동물을 이용한 세계의 전통 문화
>
> 스페인의 전통 문화인 투우는 사람과 소가 겨루는 경기입니다. 해마다 봄에 경기가 열리지요. 투우사가 화려한 옷을 입고, 빨간 천을 흔들며 소를 흥분시킵니다. 사나운 소의 등에 창을 연거푸 꽂은 뒤, 마지막에는 칼로 소의 급소를 찔러 쓰러뜨리면 경기가 끝납니다.
>
> 미국에는 로데오가 있어요. 선수가 길들이지 않은 소나 말의 등에 안장을 얹지 않은 채 올라 탄 뒤 가장 오랫동안 떨어지지 않고 버티는 사람이 우승합니다.
>
> 터키에는 낙타 두 마리를 싸우게 하는 전통이 있습니다. 약 2000년 전 유목민 사이에서 이루어진 놀이죠. 먼저 무릎을 꿇거나, 소리를 지르거나, 도망가는 낙타가 집니다.
>
>
> ▲미국의 로데오 경기 모습.

사회과학

마야 문명은 왜 멸망했을까

▲옛날 마야 문명의 유적지에 피라미드 형식으로 지어진 신전.

　문명은 인류가 미개한 생활에서 벗어나 지식과 기술을 이용해 이룩한 유산입니다. 먼 옛날 마야인들은 지금 중앙아메리카의 열대 밀림 지역에서 살면서 문자를 발명하고, 거대한 건축물을 세우는 등 문명을 발전시켰지요. 그런데 마야 문명이 사라진 까닭은 정확히 밝혀지지 않았답니다. 마야 문명이 어떻게 발전했고, 왜 멸망했는지 탐구합니다.

기원전 3000년 무렵 인류 최초 문명 시작

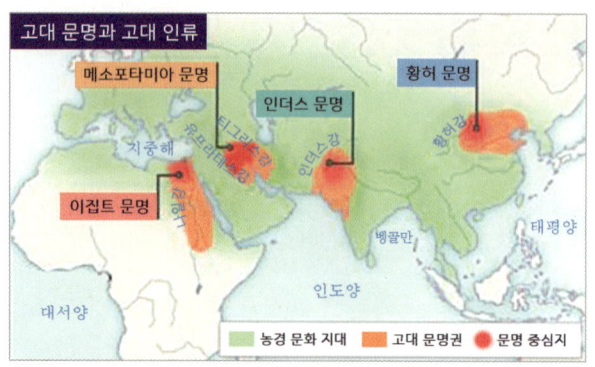
▲인류의 문명은 큰 강을 중심으로 발달했다.

인류의 최초 문명은 기원전 3000년쯤 시작되었다. 대표적으로 메소포타미아 문명과 이집트 문명, 인더스 문명, 황허 문명 등 4대 문명을 들 수 있다. 이들 문명은 대개 큰 강을 끼고 발달한 도시에서 시작되었다. 이 지역에서 살던 사람들은 청동기를 사용하다가 나중에는 철기를 쓰게 되었다. 그리고 문자를 사용하면서 주변의 다른 부족들보다 앞서서 사회를 발전시켰다.

마야 문명은 지금의 멕시코와 과테말라 등 중앙아메리카의 열대 밀림 지역에서 시작되었다. 마야인들은 서기 100년에 도시를 만들고, 250~900년 사이에 기술과 학문을 발전시키면서 전성기를 누렸다.

마야 문명은 70개가 넘는 도시 국가로 이뤄졌다. 같은 말과 글을 사용했지만, 국가가 하나로 통일된 적은 없었다. 대신에 큰 도시를 중심으로 작은 도시들이 연맹을 맺고, 큰 도시에 조공을 바쳤다. 그 대가로 적에게 공격을 당할 경우 도움을 받았다. 척박한 땅에서도 잘 자라는 옥수수 농사를 주로 지었는데, 옥수수를 자기 부족을 지켜 주는 조상신으로 섬겼다. 소금 제조 방법도 알아서 물고기나 육류를 소금에 절여 먹었다. 소금은 다른 부족들과 교역할 때 중요한 물품의 하나였다.

▲옥수수를 심는 사람이 새겨진 마야 문명의 토기. 마야인은 옥수수를 신성한 식물로 여겼다.

이런 뜻 이에요

메소포타미아 문명 기원전 3000년 무렵에 티그리스강과 유프라테스강 주변에서 발전했던 인류 최초의 문명. 지금의 이라크, 시리아 등 지역이다.
이집트 문명 기원전 3000년 무렵 이집트의 나일강 주변에서 시작되어 기원전 332년까지 이어진 고대 문명.
인더스 문명 기원전 2500년 무렵 인도의 인더스강 주변에서 시작되어 기원전 1500년 무렵까지 이어진 고대 문명.
황허 문명 기원전 3000년 무렵 중국 황허 주변에서 일어난 고대 문명.
조공 작은 나라가 큰 나라를 섬기면서 바치던 예물.

문자 사용하고 건축과 천문학 발달

마야 문명은 건축 기술과 천문학, 수학이 발달했는데, 문자를 사용해 여러 가지 기록을 남겼다.

마야 문명의 유적지에는 궁전과 신전, 천문대 등 거대한 돌로 지은 수많은 건축물이 남겨져 있다. 궁전은 낮고 넓게 지었으며, 신전과 천문대는 피라미드 형식으로 돌을 높게 쌓아 만들었다. 높이가 70m에 이르는 신전도 있다.

▲마야인들의 달력. 기원전 3114년 8월 13일에 시작되어 2012년 12월 21일에 끝난다.

저수지와 수로를 만드는 기술도 발달했다. 저수지에 가둔 물은 수로를 통해 주민들이 사는 곳까지 끌어들여 식수로 쓰고, 농사를 짓는 데도 이용했다. 바퀴의 원리도 알았다. 하지만 열대 밀림에는 수레를 끌 만한 소나 말 등의 가축이 없어서 농사나 건축 공사에 이용하지는 못했다.

마야인은 매우 정확한 달력을 사용했다. 마야인이 계산한 1년은 365.2420일인데, 실제로 1년과 0.0002일 차이밖에 나지 않았다. 달력에는 달과 태양의 공전과 자전 주기는 물론 일식과 월식이 일어나는 날짜도 표시했다. 마야 문자로 남겨진 기록의 대다수는 날짜와 관련된 내용이다. 왕족의 탄생과 결혼, 전쟁 내용 등이 적혀 있다. 세금을 걷은 내용과 주민들에 관련된 기본 정보도 담겨 있다.

▲마야인들은 문자를 사용해서 역사를 남겼다.

이런 뜻 이에요

일식 지구와 태양 사이에 달이 들어가 태양의 전부 또는 일부를 가리는 현상.
월식 달이 지구의 그림자에 가려져 전부 또는 일부가 보이지 않는 현상.

오랜 가뭄 때문에 식량 전쟁 벌어져 멸망

▲마야 문명의 유적지 벽화에 그려진 마야인들의 전투 장면을 복원한 그림.

마야 문명은 서기 900년대 말에 갑자기 사라졌다. 마야 문명이 멸망한 까닭은 정확하게 밝혀지지 않았다. 전문가들은 마야 문명이 사라진 원인을 가뭄 때문으로 추측한다.

마야 문명이 발달한 지역에서는 800~950년에 가뭄이 심했다. 가뭄이 오랫동안 지속되면서 옥수수 등 농작물의 수확량이 줄었다. 이에 따라 마야인들은 굶주림에 시달려야 했다. 부족한 식량을 대려면 다른 지역에서 농산물을 사 와야 했지만, 수로가 말라붙은 까닭에 운송하기가 어려웠다.

도시들 사이에 식량을 빼앗기 위한 전쟁도 일어났다. 마야 문명에서는 초기부터 포로나 신에게 바칠 제물을 얻으려고 도시들 사이에 전쟁이 잦았지만, 도시를 파괴할 만큼 피해가 크지는 않았다. 그러나 가뭄이 시작된 뒤에는 여러 도시에서 동시에 대규모의 전쟁이 일어나 인구가 크게 줄었다.

정치가 불안해진 탓도 있다. 마야인은 왕에게 물을 관리하는 책임이 있다고 여겼다. 또 가뭄이나 지진 등 자연 재해가 생기면, 왕이 죄를 지어 신이 벌을 내린 것으로 생각했다. 따라서 가뭄이 계속되자 왕의 권력이 약해지면서, 마야인들은 살던 도시를 버리고 다른 곳으로 떠났다.

생각이 쑤욱

1 문명이란 무엇인가요?

▲이집트 문명이 낳은 피라미드와 스핑크스 유적. 문명은 인류가 지식과 기술을 이용해 이룬 유산이다.

2 문명의 발전에 필요한 조건을 세 가지만 들어 보세요.

3 마야인들에게 옥수수 농사가 중요했던 까닭을 설명하세요.

▲옥수수는 열대 밀림의 척박한 땅에서도 잘 자란다.

💡 머리에 쏘옥

문명과 문화의 차이

문명은 인류가 미개한 생활에서 벗어나 지식과 기술을 이용해 이룩한 유산입니다. 따라서 문명은 수준이 높고 낮음을 평가할 수 있습니다. 같은 시대에 살더라도 사회에 따라 건축물이나 무기, 생활 도구 등의 발달 수준이 다르게 나타나지요.

그런데 문화는 사람들이 자신이 속한 사회에서 배우고 익힌 공통된 생활 양식을 말합니다. 식사 예절이나 인사 예절 등이 문화에 속하지요. 따라서 앞선 사회뿐 아니라 미개한 사회에서도 문화는 존재하며, 그 가치의 높고 낮음을 평가할 수는 없습니다.

마야인과 옥수수

옥수수는 마야인들에게 가장 중요한 식량이었습니다. 열대 밀림에서는 가축을 기르고, 농사를 짓기가 어려웠어요. 그런데 옥수수는 재배 기간이 짧고, 척박한 땅에서도 잘 자랐지요. 수확량이 많은 것도 장점이었습니다. 자신들이 옥수수 반죽으로 만들어졌다는 신화도 남겼지요.

생각이 쑤욱

4 마야인들이 사용하던 달력을 통해 알 수 있는 사실을 말해 보세요.

▲마야 문명의 달력. 마야인들은 태양과 달의 자전과 공전 주기를 알고 있었다.

5 마야 문명이 멸망한 원인을 기후 변화와 관련지어 설명하세요.

 머리에 쏘옥

마야인과 달력

마야인은 태양과 달, 별 등 천체를 자기들의 수호신으로 믿었어요. 그래서 천체의 움직임을 자세히 관찰했지요. 그리고 관찰을 통해 이들 천체가 일정한 주기로 지구의 주위를 돈다는 사실을 발견했어요. 마야인은 이러한 관찰을 바탕으로 달력을 만들었지요. 그래서 마야의 달력에는 태양과 달의 공전과 자전 주기뿐 아니라, 금성 등 천체의 움직임이 정확하게 표시되어 있습니다.

마야인은 달력을 주로 신에게 올리는 제사나 국가의 행사를 정할 때 사용했어요. 날짜에 따라 운을 점쳐서, 운이 좋지 않은 날에는 음식을 먹지 않거나, 전쟁을 일으키지 않았지요. 불운을 막으려고 신에게 제사도 올렸습니다. 따라서 마야의 왕이나 관리들에게는 달력을 읽고, 이해하는 일이 무척 중요했습니다.

6 문자의 사용이 고대 문명의 발전에 어떤 도움을 주었을지 구체적인 사례를 들어 이야기해 보세요.

▲금성을 뜻하는 마야 문자가 새겨진 돌판. 마야인은 천체를 관측해 얻은 지식을 문자로 기록했다.

머리에 쏘옥

과거 문명을 연구하는 이유

과거 문명을 연구하면 인류의 역사를 이해하는 데 도움이 됩니다. 유물과 유적을 발굴하고 보존해서 다음 세대에 전할 수도 있지요. 과거의 문명이 언제 어떻게 번성하고 멸망했는지 알면, 오늘날 올바른 선택을 하는 데도 도움이 되지요.

새로운 아이디어를 얻을 수도 있습니다. 과거 사람들이 지은 신화는 소설이나 영화의 소재가 될 수 있습니다. 또 그들이 사용했던 독특한 무늬나 색깔, 모양은 건축물과 생활용품의 디자인에 이용되기도 합니다.

7 과거 인류의 문명(유물 또는 유적)을 찾아내서 꾸준히 연구해야 하는 까닭과 유물 또는 유적의 보존이 중요한 이유를 말해 보세요.

2020년 7월 미국의 인터넷 업체인 구글은 고대 이집트의 언어를 번역할 수 있는 인공 지능 번역기를 내놓았다. 아직 완벽하진 않지만, 학자들은 고대 문자가 번역되면 인류의 역사를 이해하는 데 큰 도움이 될 것으로 보고 있다. 이집트의 상형 문자(물건의 모양을 본떠 만든 글자)는 기원전 3000년 무렵에 발명되어 약 3500년간 사용되다가, 서기 540년 무렵에 사용이 중단되었다.

<신문 기사 참조>

▲돌판에 새겨진 고대 이집트의 상형 문자.

16 사회과학

조선은 왜 한양을 수도로 정했나

▲1800년대 한양의 모습. (사진 : 서울역사박물관)

조선을 세운 태조 이성계(재위 1392~98)는 1394년에 도읍(수도)을 오늘날의 서울인 한양으로 옮겼습니다. 한양은 한강과 평지를 끼고 있으며, 교통이 발달해 도읍으로 정하기에 좋았습니다. 조선이 한양을 도읍으로 정한 까닭을 알아보고, 한양을 어떻게 설계하고 발전시켰는지 공부합니다.

도읍의 지리적 특징

▲컴퓨터 그래픽으로 복원한 옛 신라의 도읍인 경주의 모습.

한 나라의 으뜸이 되는 도시를 도읍이라고 한다. 도읍에는 나라의 지도자가 머물렀으며, 정치, 행정, 교육, 문화의 중심지 역할을 했다.

우리나라는 대개 국가를 새로 세울 때 도읍을 새로 옮겼다. 백성에게 새로운 국가의 힘을 보여 주고, 기존의 도읍을 중심으로 힘을 키운 귀족의 세력을 약화시킬 필요가 있었기 때문이다. 고려를 무너뜨린 조선이 도읍을 개경에서 한양으로 옮긴 것이 대표적인 사례다. 외적의 침입에 대비하거나 가라앉은 나라의 분위기를 바꾸려고 옮기기도 했다. 고려는 몽골이 침입했을 때 개경에서 강화도로 도읍을 옮겼다.

우리나라의 옛 도읍은 주로 큰 강을 끼고 발전했다. 외적의 침입을 막기에 유리한 데다, 뱃길을 이용할 수 있어 교통이 편리했기 때문이다. 식수와 농업용수도 쉽게 얻을 수 있었다. 넓은 평야가 발달해 있으며, 산을 끼고 있다는 공통점도 있다. 백성이 집을 짓고 농사를 지으려면 평야가 필요했다. 산이 있으면 외적의 침입을 방어하기 쉬웠다. 오늘날에도 도읍이 있던 지역에는 대도시가 들어서 있는데, 많은 사람이 모여 집을 짓고 살기에 알맞기 때문이다.

이런 뜻 이에요

개경 북한 황해북도 중서부에 있는 도시. 개성의 옛 이름.

강을 끼고 평야 발달

이성계는 1392년에 고려를 무너뜨리고 조선을 세웠다. 그리고 풍수지리를 내세워 개경의 땅 기운이 다했다며 도읍을 옮기자고 주장했다.

그런데 이성계의 목적은 불교 문화가 발달했던 고려의 도읍인 개경을 버리고, 유교 정신을 바탕으로 하는 새 나라 조선에 걸맞은 수도를 건설하는 데 있었

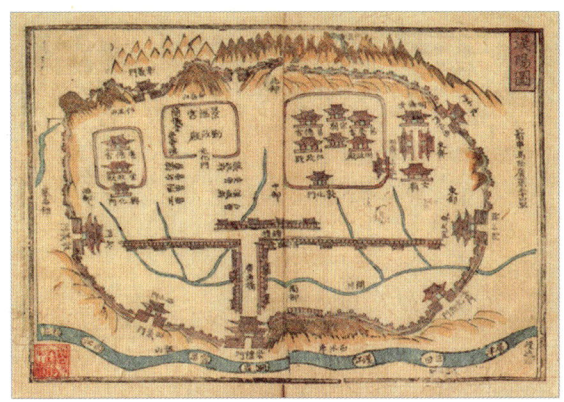
▲1822년에 그려진 한양도. 한양의 대표적인 건물과 성, 산 등을 간단하게 표시했다.

다. 유교는 국가와 임금에 대한 충성을 강조하므로 국교로 삼아 나라를 다스리는 데 적합했다. 또 새로운 땅에 계획을 세워 건물을 지을 수 있다는 장점도 컸다.

이성계는 처음에는 새 도읍의 후보지를 계룡산 근처나 현재 서울의 무악을 꼽았다. 그런데 두 곳 모두 땅이 좁아 사람이 많이 살기에는 불편하다고 판단해서 선택하지 않았다.

그러다 2년 뒤인 1394년에 한양을 도읍으로 결정했다. 한양은 한반도의 한복판에 있어 치우침이 없었다. 그리고 북악산과 남산, 낙산, 인왕산이 병풍처럼 둘러싸서 북쪽에서 불어오는 차가운 바람을 막아 주고, 외적의 방어에도 유리했다. 산으로 둘러싸인 공간에는 평지가 펼쳐져 있고, 안쪽으로는 청계천이, 바깥쪽으로는 한강이 흘러서 식수와 농업용수를 구하기도 쉬웠다. 바다와 한강이 뱃길로 이어져 교통이 편리하고, 세금을 거둬들이기에도 좋았다.

이런 뜻 이에요

풍수지리 지형이나 방위를 길흉화복과 연결시켜, 죽은 사람을 묻거나 집을 짓는 데 알맞은 장소를 구하는 이론.
계룡산 충남 공주시와 계룡시, 대전시에 걸쳐 있는 높이 845m의 산.
무악 서울시 서대문구 현저동과 홍제동 사이에 있는 고개.
북악산 서울 종로구 경복궁 북쪽에 있는 높이 342m의 산.
낙산 서울 종로구와 성북구 사이에 있는 높이 125m의 산.

유교 정신 바탕으로 설계한 계획 도시

▲서울시 종로구 세종로에 있는 경복궁. 조선 시대 임금이 거처하는 정궁으로 지었다.

이성계를 도와 조선을 세운 사대부들은 유교 정신을 담아 한양을 설계했다. 나라에 충성하고, 부모에게 효도하며 신분 질서에 따라야 한다는 가르침을 퍼뜨리기 위해서였다.

사람들이 자주 다니는 곳에는 유교 정신이 들어간 이름을 붙였다. 임금이 사는 궁궐 이름은 유교 경전에 나오는 '큰 복을 누려 번성하라'는 말을 따 경복궁이라고 지었다. 한양 도성의 사대문에도 유교 정신이 들어간 이름을 붙였다.

조상을 받들고 농업을 중시하는 정신도 담았다. 경복궁을 중심으로 왼쪽(동쪽)과 오른쪽에는 종묘와 사직을 각각 두었다. 종묘는 역대 왕과 왕비 등의 위패를 모시는 사당으로, 해마다 왕실의 제사를 지냈다. 사직은 토지의 신인 '사'와 곡식의 신인 '직'에게 제사를 드려 농사가 잘 되길 비는 곳이었다.

신분 질서를 강조하려고 백성들이 사는 곳도 달리했다. 청계천 북쪽은 북촌이라고 해서 궁궐이나 관청, 교육 기관과 가까워 계급이 높은 관리가 주로 살았다. 조용하고 물을 구하기 쉬운 남쪽은 남촌으로 불렸는데, 벼슬을 하지 않고 학문만 연구하는 선비나 하급 관리가 주로 살았다. 신분이 낮거나 가난한 사람은 성 밖에서 살았다.

이런 뜻 이에요

사대부 학자 출신의 관리.
사대문 조선 시대 도성의 사방에 세운 대문. 동쪽의 흥인문, 서쪽의 돈의문, 남쪽의 숭례문, 북쪽의 숙정문 등을 말한다.
위패 죽은 사람의 이름을 적은 나무패.
사당 조상의 위패를 모셔 놓은 집.

| 생각이 쑤욱 |

1 도읍이 어떤 곳인지 설명하세요.

▲서울은 대한민국의 도읍으로, 정치와 경제, 행정, 문화의 중심지다.

2 우리나라는 과거 어떤 상황에서 도읍을 옮겼나요?

3 옛날 우리나라 도읍들의 공통점을 들어 보세요.

▲백제의 수도였던 사비 지역에는 백마강이 흐른다. 사비는 오늘날의 충남 부여다.

> ### 머리에 쏘옥
>
> **강을 끼고 도읍을 정한 까닭**
>
> 강이 있는 곳에 도읍을 정한 까닭은, 많은 사람이 한꺼번에 식수를 구하기 쉬웠기 때문입니다. 또 과거에는 농업이 주요 산업이어서 벼나 보리 등 농작물을 재배할 때 물이 많이 필요했습니다.
>
> 강은 뱃길로도 이용할 수 있으므로 교통이 편리했습니다. 과거에는 길이 반듯하지 않았으며 좁고 험했습니다. 그래서 물건을 실어 나르기 어려웠지요. 그런데 뱃길을 이용하면 물품을 한꺼번에 많이 실어 나를 수 있었습니다. 특히 지방에서 세금으로 거둔 쌀이나 옷감 등 물품을 도읍으로 옮기는 데는 뱃길이 최고였지요.
>
>
>
> ▲조선 시대에 세금을 실어 나르던 배.

> 생각이 쑥쑥

4 도시가 발달한 곳을 도읍으로 정할 때와 도시가 발달하지 않은 곳을 도읍으로 정할 때의 장단점을 각각 두 가지씩 제시하세요.

	도시가 발달한 지역	도시가 발달하지 않은 지역
장점		
단점		

5 도읍이 국토의 한복판에 있으면 어떤 점이 유리할지 아는 대로 말해 보세요.

▲도읍이 국토의 한복판에 있으면 거리가 멀어 소외되는 지역이 줄고, 나라를 효율적으로 다스릴 수 있다.

계획 도시

근대 이전의 도시는 교통이 편리하거나 살기 편한 곳에 사람이 모여 살면서 자연스럽게 발달했습니다. 이에 비해 계획 도시는 분명한 목적에 따라 설계된 도시입니다. 빈 땅에 계획을 세워 도시를 건설하면 목적에 맞게 정돈을 잘할 수 있지만 기반 시설이 없어 건설비가 많이 들어갑니다.

조선이 유교를 국교로 정한 까닭

이성계는 고려를 무너뜨리고 조선을 세운 뒤, 유교를 국교로 삼았습니다.

그는 고려의 신하로 왕을 쫓아내고 나라를 세웠기 때문에 다른 신하에게 자신이 제거를 당할 수도 있다는 두려움이 있었습니다.

그래서 세력을 키우고 나라를 바로잡기 위해 신라부터 고려 때까지 1000년 넘게 이어진 불교를 멀리하고 유교를 선택했습니다.

유교에서는 각자의 자리에서 자기의 신분과 역할에 충실할 때 사회가 발전한다고 가르쳤습니다. 예를 들면 자식은 부모에게 효도를 다할 것이며, 아내는 남편에게 정성을 다하고, 노비는 주인에게 충성을 다해야 한다는 것입니다. 나아가 백성은 국가와 임금에게 충성을 다해야 질서가 유지된다고 본 것입니다. 신분에 따른 상하 관계를 질서의 바탕으로 삼은 것이지요.

6 이성계가 개경을 버리고 한양을 새로운 도읍으로 정한 이유를 유교와 관련지어 제시하세요.

7 유교 정신이 담긴 한양의 건축물을 4가지만 소개하고, 그 건축물을 접하면서 백성들이 배웠을 유교의 가르침을 각각 설명하세요.

▲도성의 사대문 가운데 하나인 흥인문(동대문). 인의 정신을 나타낸다. 인의 핵심은 사랑으로, 부모에게 미치면 효가 되고 나라에 미치면 충이 된다.

> 💡 **머리에 쏙쏙**
>
> ### 한양에 담긴 유교 정신
>
> 유교에서 도시를 만들 때 가장 중요한 건축물은 종묘와 사직입니다. 종묘와 사직은 곧 국가를 상징합니다. 유교의 근본은 효도이기 때문에 임금뿐 아니라 백성도 조상을 모시는 일을 중요하게 생각했습니다. 또 백성이 없으면 국가도 없고, 땅과 곡식이 없으면 백성이 살 수 없다고 생각해, 땅과 곡식의 신을 국가에서 모셨습니다.
>
> 한양의 사대문인 흥인문, 돈의문, 숭례문에는 사람이면 갖춰야 하는 덕을 넣었습니다. '인'은 사람을 사랑하는 마음인데, 어려움에 빠진 사람을 불쌍히 여기는 마음이지요. '의'는 정의로운 마음인데, 옳지 못한 일을 했을 때 부끄러움을 느낄 수 있어야 한다는 것입니다. '예'는 공경하는 마음으로, 다른 사람에게 양보하고 사양할 줄 아는 뜻입니다. 시간을 알리는 종탑인 보신각에는 믿음이 있어야 한다는 뜻의 '신'을 넣어, 백성들이 유교 정신을 자주 접할 수 있도록 했습니다.

17 사회과학

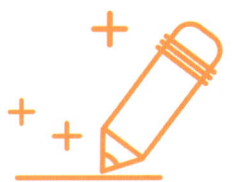

세계문화유산이 된 빛의 축제 '연등회'

▲연등회는 1300년 동안 이어진 우리나라의 전통 축제로, 지난 2020년 세계문화유산에 올랐다.

 불교에서는 '부처님 오신 날'(음력 4월 8일)이 가까워지면 절이나 거리의 곳곳에 등불을 걸어 부처의 탄생을 축하하고 복을 빕니다. 등을 걸고 불을 밝히는 연등의 풍습은 1300년 동안 이어져 내려오면서, 불교 신자뿐 아니라 여러 사람이 함께 즐기는 축제로 발전했지요. 연등회가 무엇인지 알아본 뒤, 연등회의 역사와 세계문화유산에 오른 까닭을 탐구합니다.

등불 밝히고 부처에게 복 비는 행사

연등회는 '부처(기원전 563?~기원전 483?)님 오신 날'인 음력 4월 8일을 전후로 등을 밝히고 거리를 행진하는 축제이다. 과거에는 불교 신자들이 부처의 탄생을 축하하고 복을 비는 불교 행사였는데, 지금은 국민 축제로 발전했다.

▲어린이가 연꽃 모양의 등불을 바라보며 소원을 빌고 있다.

연등은 '등에 불을 밝힌다'는 뜻이다. 불교에서는 부처의 지혜를 등불에 비유한다. 그래서 연등에는 사람들이 부처의 지혜를 배워서 다른 사람을 차별하지 말고 평화롭게 살기를 바라는 마음이 담겨 있다. 그러려면 욕심과 이기심 등의 어리석은 생각을 버려야 한다.

연등회는 법회로 시작된다. 법회는 부처를 찬양하는 노래를 부르고, 부처의 가르침을 배우는 예배이다. 법회가 끝나면 행진이 시작된다. 사람들은 자신이 직접 만든 등을 들고 거리를 걷거나, 지나가는 연등 행렬을 구경하면서 가족의 행복과 나라의 평안을 빈다. 연등 행렬에서는 춤과 노래, 악기 연주 등의 다양한 문화 공연도 함께 열린다. 행렬이 끝나면 모든 사람이 함께 즐길 수 있는 뒤풀이로 이어진다. 뒤풀이에서는 시민과 관광객도 어울려 강강술래 등 민속놀이를 하고 춤과 노래 공연도 함께 즐긴다.

이런 뜻 이에요

부처 불교를 처음으로 만든 석가모니.

삼국 시대부터 이어진 전통

연등회는 옛날 인도에서 부처에게 올리는 공양물로 등불을 켜 놓은 데서 시작되었다. 우리나라에서는 삼국 시대에 중국에서 불교가 들어오면서 시작되었다. 삼국 시대에는 정월 대보름에 절에서 열렸다. 왕은 절을 찾아 연등을 구경하면서 나라가 평안하고, 농사가 잘되기를 빌었다.

▲어린이들이 연등회에 쓸 등을 만들 종이를 구하던 고려 시대의 호기 놀이를 체험하고 있다.

고려는 불교를 국교로 정한 뒤 연등회를 백성의 마음을 하나로 모으는 국가 행사로 삼았다. 고려 태조(재위 918~43)는 후대 왕들에게도 연등회를 이어 가라고 당부했다. 그 뒤 연등회는 전국으로 퍼져 집집마다 등을 달고 소원을 빌었다. 어린이들은 연등회가 다가오면 등을 만들 종이를 구하기 위해 깃발을 든 채 북을 치고 돌아다니면서 이웃에게 쌀이나 베를 얻는 '호기 놀이'를 했다.

하지만 조선 시대에는 유교를 높이고 불교를 억눌러서 연등회를 열지 않았다. 대신 백성들 사이에서 이어져, 집집마다 장대를 높이 세워 자녀의 수대로 등을 밝히고, 어린이들까지 거리로 나와 밤새 연등회를 즐겼다. 1950년 6·25전쟁을 겪으며 절에서 하는 불교 행사로 축소되었다. 1976년에 다시 서울 종로의 조계사에서 연등 행렬을 시작한 이후 지금까지 이어지고 있다.

이런 뜻이에요

공양물 부처에게 복을 빌기 위해 올리던 음식이나 물건.
정월 대보름 정월 보름인 음력 1월 15일을 명절로 이르는 말. 부럼을 깨물며, 약밥과 오곡밥 등을 먹는다.
조계사 서울의 종로에 1395년 지은 절.

세계가 인정한 인류의 소중한 축제로 발전

우리나라의 연등회가 2020년 12월에 유네스코(UNESCO)가 정하는 인류무형문화유산에 올랐다. 인류무형문화유산이란 인류가 보존해야 할 가치가 큰 지식과 기술, 공연 예술 등의 무형 유산 가운데 특별히 유네스코가 지정한 문화 유산을 말한다.

▲연등회는 불교 신자뿐 아니라 누구나 즐길 수 있는 축제로 발전했다.

연등회가 세계문화유산에 오른 까닭은, 불교 신자뿐 아니라 누구나 어울려서 즐길 수 있는 축제로 발전했기 때문이다. 태국과 중국도 연등회의 풍습은 있다. 그런데 연등 행렬 등 여러 문화 행사를 열어 시민과 관광객이 함께 즐길 수 있는 축제는 우리나라의 연등회뿐이다.

연등회는 1300년 넘게 이어지면서 공동체를 유지하는 데도 큰 역할을 했다. 연등회를 준비하고 축제를 여는 동안에 구성원들의 소통과 화합이 자연스럽게 이뤄졌기 때문이다. 이러한 경험은 전쟁이나 재난 등 국가에 위기가 닥쳤을 때 백성들이 마음을 하나로 모아 어려움을 극복하는 힘이 되었다.

연등회는 시대와 상황에 맞게 새로운 모습으로 진화했다. 등의 모양은 시간이 흐르면서 화려해지고 다양해졌다. 베트남 등 불교 국가들의 문화 체험 행사도 함께 열고, 연등 만들기 대회 등의 즐길 거리도 풍성하게 제공된다.

이런 뜻이에요
유네스코 유엔이 세계 각국 국민 사이의 교육, 과학, 문화 등의 협력을 위해 1946년에 만든 전문 기구.

생각이 쏘옥

1 불교에서 '부처님 오신 날'을 전후로 거리에 연등을 매다는 까닭을 말해 보세요.

▲연등은 부처의 지혜를 뜻한다.

2 연등 행렬은 어떻게 이뤄지나요?

3 연등회가 고려 시대에 왜 크게 발전했는지 설명하세요.

▲고려 시대에 돌로 만든 미륵상. 고려는 불교를 국가의 종교로 삼았다.

💡 머리에 쏘옥

고려는 왜 연등회를 국가 행사로 삼았을까

고려는 국가의 종교를 불교로 정했습니다.

왕건(재위 918~43)은 고려를 세운 뒤 수도인 개경(지금의 북한 개성)의 여러 곳에 절을 세우고, 백성에게 불교를 믿도록 북돋웠지요. 자손에게는 절을 보호하고, 연등회를 꼭 열라는 유언을 남겼답니다.

왕건이 불교를 중요하게 여긴 까닭은 전쟁으로 갈라진 백성의 마음을 하나로 모으는 데 불교가 도움이 될 것으로 생각했기 때문입니다. 그때에는 나라를 서로 차지하려고 고려와 후백제, 신라 사이에 전쟁이 끊이지 않았습니다. 또 부처의 도움을 받아 국가를 발전시키고 백성이 평안한 나라를 만들기를 원했지요.

후대의 왕들은 왕건의 이러한 뜻을 받들어 연등회를 국가 행사로 삼아 크게 치렀습니다.

생각이 쑤욱

4 유네스코가 우리나라의 연등회를 세계문화유산에 올린 까닭을 세 가지만 들어 보세요.

▲연등회는 1300년 넘게 이어지면서 시대와 상황에 맞게 진화했다.

5 불교를 억압한 조선 시대에도 연등회가 사라지지 않은 까닭을 추측하세요.

▲조선 시대에는 연등회가 백성들 사이에서 오랜 풍습으로 자리를 잡았다.

머리에 쏘옥

조선 시대에도 연등회가 유지된 까닭

조선은 유교를 국가의 종교로 삼은 뒤 불교를 억압했습니다. 따라서 조선의 왕들은 고려 시대에 국가의 중요한 행사로 삼아 크게 열었던 정월 대보름(음력 1월 15일)의 연등회를 금지했지요.

하지만 백성들 사이에서 '부처님 오신 날'(음력 4월 8일)에 열리는 연등회는 막지 못했습니다. 수백 년 동안 백성들 사이에서 민속놀이로 뿌리를 내렸기 때문이지요.

연등회가 열리는 날에는 나라에서 통행을 금지하는 법을 풀었습니다. 따라서 밤중에 외출할 수 없던 여자와 어린이들도 연등 행렬에 참가해 춤과 노래를 구경하면서 즐겁게 시간을 보냈지요.

6 불교 신자들만의 행사였던 연등회가 누구나 즐길 수 있는 축제로 발전할 수 있었던 이유를 제시하세요.

▲연등회가 열리면 시내 곳곳에서 여러 가지 전통 문화를 체험할 수 있고, 공연과 전시회도 즐길 수 있다.

7 연등회 등의 무형 문화재가 후손에게 계속 이어질 수 있도록 정부에서 어떻게 도울 수 있을지 제안해 보세요.

우리나라의 무형 문화재가 사라질 위험에 놓였다. 무형 문화재를 배우려는 사람이 적은 데다, 가르칠 사람도 부족하기 때문이다. 경기도의 국가무형문화재 10개 종목 가운데 경기도 **도당굿**은 지금 맥이 끊겼다. 지난 2011년 기능 보유자가 사망했는데, 가르칠 사람이 없어 **전승자**를 키울 수 없었다. 전문가들은 무형 문화재가 사라지지 않도록 하려면 국민이 문화재에 관심을 갖고, 정부는 문화재 관리와 전승 지원에 힘써야 한다고 말한다.

<신문 기사 참조>

▲무형 문화재를 후손에게 계속 물려주려면 정부의 지원이 필요하다.

도당굿 경기도에서 신에게 마을 공동체의 안전과 건강을 비는 행위.
전승자 기술이나 지식 등을 이어받아 전하는 사람.

💡 머리에 쏘옥

무형 문화재를 후손에게 물려줄 수 있는 방법

무형 문화재는 사람을 통해서만 후손에게 전할 수 있습니다. 무형 문화재는 춤이나 노래, 공예 등의 표현 방법 또는 기술이기 때문이지요.

정부는 무형 문화재의 기능을 보유한 사람을 과학적으로 관리하고 도와야 합니다. 그래야 무형 문화재 기능 보유자가 살아 있는 동안에 기능을 배우는 제자를 되도록 많이 길러 낼 수 있습니다. 따라서 무형 문화재 기능 보유자나 배우는 사람이 다른 일을 하지 않아도 생활할 수 있을 만큼의 돈을 지원해야 합니다.

공연 기회를 가질 수 있도록 문화 행사도 자주 마련합니다.

무형 문화재를 전문적으로 배울 수 있는 교육관도 충분히 지어야 합니다. 교육관을 열면 주민들이 교육관에서 직접 체험할 수 있는 기회가 늘어나 무형 문화재에 대한 관심도 높아집니다.

불의 사용과 인류 문명의 발전

▲그리스 신화에 나오는 인물인 프로메테우스. 신들이 사용하던 불을 훔쳐서 인간에게 가져다줌으로써 맨 처음 문명을 가르쳤다고 한다.

사람은 항상 불을 사용합니다. 어둠을 밝히거나 요리를 할 때, 금속을 녹여 물건을 만들 때 등 쓰이지 않는 곳이 드물 정도입니다. 세계 여러 나라에는 불의 사용이 인류의 삶을 풍요롭게 만들었다는 신화가 전해지고 있습니다. 불이 인류의 문명을 어떻게 바꿔 놓았는지 알아봅니다. 그리고 옛날 우리나라에서는 불을 어떻게 일으켰고 어디에 이용했는지 탐구합니다.

인류의 수명을 연장시키다

인류는 400만~500만 년 전부터 지구에서 살기 시작했다. 그때 인류는 원숭이와 다를 바 없이 살았다. 인류가 짐승과 달리 사람답게 살 수 있게 된 것은 불을 이용한 구석기 시대부터다.

그 뒤 저녁에 불을 밝혀 일하는 시간을 늘릴 수 있었다. 그리고 음식을 불에 익혀 먹을 수 있어 날것을 그대로

▲구석기 시대 사람들이 불을 이용하는 모습을 상상해서 만든 모형.

먹고 질병에 시달릴 때보다 건강하고 오래 살게 되었다. 겨울에는 동굴 등 따뜻한 곳을 찾아 헤매다가 실내에 화덕을 설치해 추위를 피했다.

인류는 처음 자연에서 불을 발견했다. 자연의 불은 벼락이 떨어지거나 지진 또는 화산 활동에 의해 일어난다. 나무끼리 서로 부딪쳐 불이 붙기도 한다. 처음에는 불을 발견하면 겨우 살려 내는 정도였다. 그러다 시간이 지나면서 나뭇가지를 비벼 불을 일으키고, 부싯돌을 부딪쳐 불꽃을 내는 방법을 알아냈다.

하지만 불을 일으키기가 쉽지 않아서 불이 있는 근처로 몰려들어 정착 생활을 하게 되었다. 정착 생활이 시작되면서 식량을 확보하려고 농사를 지었다. 불을 이용해 농기구와 토기 등 생활 도구도 만들었다. 불로 철을 녹여 칼과 창 등 무기도 생산했다.

▲부싯돌. 금속과 부딪히면 쉽게 불이 난다.

이런 뜻 이에요

구석기 시대 인류가 지구에 살기 시작한 때부터 약 1만 년 전까지의 시대. 돌을 거칠게 떼서 만든 뗀석기를 사용했다.
부싯돌 금속과 부딪히면 쉽게 불이 나는 돌.

우리나라는 어떻게 불을 만들었나

우리나라는 구석기 시대부터 다른 지역과 비슷하게 충격법이나 마찰법으로 불을 만들어 사용했다. 충격법으로 불을 만들려면 부싯돌을 황철광으로 세게 부딪쳐 불꽃을 만들고, 거기에 불이 붙기 쉬운 마른 쑥 같은 것을 대서 불을 붙였다. 마찰법은 구멍이 뚫린 나무판을 고정한 뒤, 나무막대를 구멍에 넣고 세게 비벼 나무막대에 불을 붙이는 방식이었다.

▲마찰법으로 불을 피우는 모습.

이러한 원시적인 방법 외에도 2세기(101~200)부터는 오목거울(화경)이나 볼록렌즈를 써서 햇빛을 모아 불을 일으키는 방식도 알려져 있었다. 오목거울은 고려 때 많이 이용되었다. 조선 시대인 17세기 초에 나온 『동의보감』에는 오목거울로 햇빛을 모으고 거기에 마른 쑥을 대 놓으면 불을 붙일 수 있다고 적혀 있다.

▲태양열을 모아 볼록렌즈로 불을 붙이는 모습.

햇빛을 모아 같은 원리로 불을 만들 수 있는 볼록렌즈(화주)는 신라 시대 이전부터 사용되었다. 하지만 일반 가정에서 불을 새로 만들기는 어려웠으므로 대개 불씨를 꺼뜨리지 않고 이어갔다. 나라에서는 새로 불을 만들어 쓰는 의식이 있었다. 예를 들면 조선 시대에는 해마다 계절이 바뀔 때 등에 다섯 차례 마찰법으로 불을 다시 만들었다.

이런 뜻 이에요

황철광 황과 철 성분이 포함된 돌. 부싯돌과 부딪히면 불꽃이 일어난다.
동의보감 허준(1539~1615)이 1613년에 펴낸 의학서.
화주 불을 일으키는 구슬. 볼록렌즈처럼 가운데 부분이 두꺼워 햇빛을 한곳에 모을 수 있다.

인류의 산업 발달 도와

우리나라는 과거 온돌에 불을 이용했다. 온돌은 삼국 시대 이전부터 발달한 우리나라의 독특한 난방 방식이다. 함경북도 웅기의 신석기 시대 유적에는 초기 온돌이 남아 있다. 화로는 온돌의 보조 난방 기구로 쓰였는데, 불씨 운반용으로도 사용되었다.

▲강화도에 남아 있는 고려 시대의 온돌 터.

삼국 시대부터는 봉수라는 통신 수단에도 불이 이용되었다. 일정한 거리를 두고 높은 산봉우리에 봉화터를 만들어 전국을 연결한 뒤, 횃불과 연기를 써서 위급한 상황을 멀리까지 빨리 전할 수 있었다.

불은 전쟁 무기로도 쓰였다. 아주 옛날부터 철을 녹여 칼과 창을 만들었고, 불화살을 만들어 화공을 할 때도 사용했다. 고려 시대에는 최무선(1325~95)이 화약을 발명해 총과 대포에 사용할 수 있었다. 불은 교통수단의 발전에도 도움을 주었는데, 일제강점기(1910~45)에는 증기 기관인 화륜선이 등장하게 되었다.

▲경기도 수원에 남아 있는 조선 시대 봉화대.

불은 또 산업 발달의 중심 수단이 되었다. 대장간에서 금속을 녹여 농사 도구를 만드는 등 공업에 이용한 경우가 대표적이다. 고려와 조선 시대 가마터에서 도자기를 구울 때도 불이 필요했다. 삼국 시대 이후 금속 공예품이나 금동 불상과 금속 활자 등 금속 문화의 발전에도 기여했다.

이런 뜻이에요

신석기 시대 약 1만 년 전부터 약 3000년 전까지의 시대. 돌을 갈아 만든 간석기를 사용했다.
화로 불씨의 보존과 난방을 위해 금속으로 만든 그릇.
화륜선 증기 기관의 힘으로 움직이는 배.

> 생각이 쏘옥

1. 불을 이용하게 되면서 인류의 생활이 어떻게 달라졌나요?

2. 불의 사용과 인류의 정착 생활의 관계를 설명하세요.

3. 146쪽에 나온 것 외에도, 생활에서 불을 이용해서 식량을 얻거나 외부의 위험을 회피할 수 있는 방법을 찾아보세요.

> 머리에 쏘옥

인류의 정착 생활에 도움이 된 화덕

화덕은 구석기 시대부터 사용했어요. 불을 붙이고 오랫동안 사용하기 위해서였죠.

신석기 시대에는 정착 생활을 시작하면서 화덕이 집의 안팎에 많이 만들어졌어요. 집안의 화덕은 주로 난방을 위해 쓰였어요. 바깥의 화덕은 공동으로 밥을 해 먹기 위해 사용되었죠.

화덕의 모양도 점차 발전했어요. 처음에는 평평한 바닥에 나무나 돌을 깔고 불을 붙이는 방식이었지요. 그러다 돌이나 진흙을 동그랗게 돌려 만든 화덕이 유행했어요. 나중에는 땅을 깊이 판 뒤 그곳에 나무와 돌을 깔고 불을 붙였어요. 땅을 파서 화덕을 만들면 불을 더 오랫동안 효율적으로 사용할 수 있었답니다.

▲서울 강동구 암사동에 있는 신석기 시대의 집터. 가운데 화덕이 있다.

생각이 쏘옥

4 성냥이 나오기 전에 불을 일으켰던 충격법과 마찰법의 공통점과 차이점을 비교하세요.

	충격법	마찰법
공통점		
차이점		

5 아래 렌즈 가운데 불이 잘 붙는 렌즈를 찾고, 그 까닭도 설명하세요.

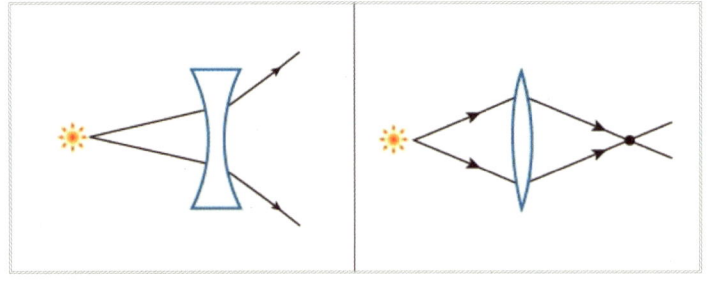

머리에 쏘옥

오목렌즈와 볼록렌즈

렌즈에는 오목렌즈와 볼록렌즈 두 가지가 있어요.

오목렌즈는 가운데가 얇고 가장자리가 두껍습니다. 이에 비해 볼록렌즈는 가운데가 두껍고 가장자리가 얇습니다.

빛은 유리나 물, 얼음 등을 통과하면 꺾여서 나와요. 이러한 현상을 굴절이라고 해요. 빛이 렌즈를 통과할 때는 두꺼운 부분으로 꺾여 나오는 특징이 있어요. 따라서 가운데가 두꺼운 볼록렌즈를 통과하면 빛이 한곳에 모여 온도를 높일 수 있답니다. 이 때문에 불을 붙일 때는 볼록렌즈를 사용해요.

이에 비해 빛이 오목렌즈를 통과하면 가장자리가 두꺼워서 빛이 바깥으로 흩어집니다.

▲얼음으로 만든 볼록렌즈.

6 불이 전쟁에 미친 영향을 말해 보세요.

▲중국 지린성에 있는 고구려 무덤 벽화. 무기를 만드는 대장장이가 신으로 묘사되어 있다.

7 오늘 하루 불의 도움이 없다고 가정한 뒤, 어떤 일이 벌어질지 일기로 써 보세요.

머리에 쏘옥

불을 이용한 산업

불은 지금까지 산업 발달에 중요한 역할을 하고 있습니다.

인류는 약 3000년 전인 청동기 시대부터 강한 금속을 만들기 위해 불을 사용했어요. 온도가 높을수록 강한 금속을 만들 수 있었지요. 지금은 1500~1600도의 열을 내서 철강을 생산하고 있습니다. 철강은 배나 자동차 등을 만드는 데 사용됩니다.

에너지를 생산하는 데도 불이 없으면 곤란합니다. 화력 발전소에서는 석탄 등의 연료에 불을 붙여 물을 끓여서 나오는 증기로 터빈을 돌려서 발전을 합니다.

석유를 생산할 때도 불을 이용해서 필요 없는 물질이나 찌꺼기를 걸러 낸답니다.

▲충남 보령의 화력 발전소. 석탄을 태워 물을 끓여 나오는 증기의 힘으로 터빈을 돌려 전기를 생산한다.

문화 다양성 왜 인정해야 할까

▲다른 문화를 인정하고 받아들이면 사회의 분열을 막을 수 있다.

 문화는 사람들이 자기가 소속된 사회에서 배우고 익힌 공통된 생활 양식입니다. 기후나 역사 등 환경 차이로 다양하게 나타나지요. 이러한 문화의 다양성을 인정하면 문화의 교류가 활발하게 이뤄져 사회가 발전합니다. 다른 문화에 대한 편견이나 차별로 사회가 분열해서 대립하는 일도 막을 수 있습니다. 문화가 무엇인지 알아본 뒤, 문화의 다양성을 인정해야 하는 까닭을 탐구합니다.

문화란 무엇인가

문화란 사람들이 자기가 소속된 사회에서 배우고 익힌 공통의 생활 양식이다. 의식주와 언어, 종교 등이 이에 포함된다. 따라서 문화는 앞선 사회뿐 아니라 미개한 사회에서도 존재한다. 하지만 사회나 집단마다 다른 모습으로 나타나기 때문에 그 가치의 높고 낮음을 평가할 수 없다.

문화는 시간이 지나면서 달라지고 바뀐다. 같은 사회 안에서도 새로운 물건이 발명되고, 사람들의 가치관이 변하기 때문이다. 과거에는 걷거나 말을 타고 이동했지만, 지금은 자동차나 비행기 등을 이용한다. 조선 시대의 남존여비 사상은 양성평등 문화로 바뀌었다. 다른 문화권의 사람들과 접촉할 때 신문화가 전파되기도 한다. 덕분에 서양 음식을 국내에서도 먹을 수 있다. 강한 집단이 약한 집단을 지배하는 과정에서 문화가 바뀌기도 한다. 우리 국민은 일제강점기(1910~45)에 상투를 자르고 한복 대신 양복을 입는 등 신문화를 받아들여야 했다.

▲우리 음식인 빈대떡(위 사진)과 이탈리아의 음식인 피자. 음식도 나라마다 다른데, 한 나라의 음식이 다른 나라의 음식보다 가치가 높거나 낮다고 평가할 수 없다.

새로운 문화가 들어오면 기존의 문화와 갈등을 빚기도 한다. 사람의 의식이 기술의 발달 속도를 따라가지 못해 생기는 문제도 있다. 인터넷은 발달하는데, 악성 댓글 등이 끊이지 않는 경우다.

이런 뜻 이에요

남존여비 남성의 권리나 지위를 여성보다 우위에 두고 여성을 낮게 보는 태도.
양성평등 남자나 여자의 성별에 따라 차별을 받지 않음.

문화를 대하는 여러 태도

사람들이 문화를 대하는 태도에는 자문화 중심주의와 문화 사대주의, 문화 상대주의가 있다.

자문화 중심주의는 자기가 소속된 집단의 문화가 가장 우수하다고 여기고, 다른 문화를 업신여기는 태도다. 과거 중국인은 자기네만 문화

▲히잡 등 머리와 상반신을 가리는 이슬람 여성의 전통 의상을 놓고, 종교의 자유라는 의견과 여성의 인권 억압이라는 의견이 맞서 있다.

인이고, 주변의 다른 민족을 모두 미개해서 문화 수준이 낮은 야만인으로 봤다. 이렇게 되면 자기 문화에 대한 자부심을 높이고 구성원의 협력을 이루는 데는 도움이 된다. 하지만 다른 집단이나 나라와 교류하기 어렵고, 국제 사회에서 고립될 수 있다.

문화 사대주의는 다른 집단의 문화는 높게 평가하면서, 자기 집단의 문화는 낮게 평가하는 태도를 말한다. 이러한 집단에서는 다른 문화를 쉽게 받아들이지만, 자기 문화를 지키거나 발전시키지는 못한다.

문화 상대주의는 문화마다 고유의 특성과 가치를 지녀서 우열을 가릴 수 없다고 생각한다. 모든 문화는 다른 환경에서 이뤄진 결과이기 때문이다. 이런 태도로 다른 문화를 대하면 편견 없이 받아들일 수 있다. 하지만 지나치면 이슬람권의 명예 살인 등 사람의 목숨을 빼앗고 인권을 짓밟는 관습도 그 나름의 가치가 있다고 인정하는 문제가 있다.

이런 뜻 이에요
명예 살인 이슬람권에서 순결이나 정조를 잃은 여성을 집안의 명예를 더럽혔다는 이유로 가족 구성원이 죽이는 관습.

문화가 다양한 까닭

▲문화는 사회나 집단마다 서로 다른 환경에 적응해 살아왔기 때문에 다양하게 나타난다.

문화는 다양하다. 사회나 집단에 따라 서로 다른 환경에 적응하면서 살아왔기 때문이다. 예를 들어 쌀을 주식으로 하는 우리나라에서는 밥을 먹을 때 수저를 사용한다. 그런데 면과 고기를 주식으로 하는 서양인은 포크와 나이프를 주로 쓴다. 인도인은 도구를 사용하지 않고 오른손만 써서 음식을 먹는다.

과거에는 다른 집단 간의 문화 교류가 적었다. 그런데 교통과 통신의 발달 덕에 사람들이 다른 문화권으로 옮겨가는 일이 늘어나고, 교류가 확대되면서 한 사회 안에 문화가 다른 구성원이 함께 살게 되었다. 이러한 과정에서 인종이나 종교 등의 차이를 받아들이지 못해 구성원끼리 갈등하기도 한다.

하지만 문화의 다양성을 인정할 경우 같은 구성원들의 분열을 막을 수 있다. 다른 문화를 밀어내거나 부정적으로 평가하지 않기 때문이다. 사회와 집단은 오히려 발전한다. 다른 사회나 집단과 교류가 활발해져 자기 문화의 장단점을 살필 수 있기 때문이다. 또 서로 다른 문화가 합쳐져 새로운 문화가 만들어지기도 한다. 우리나라 고유의 음식과 서양 음식을 결합해 만든 퓨전 한식은 외국인에게 인기가 높다.

생각이 쑥쑥

1 서로 다른 문화의 가치를 비교해 우수함이나 열등함을 따질 수 없는 까닭을 말해 보세요.

▲티베트에서는 상대에게 인사할 때 자신의 귀를 잡고 혀를 내미는데, 미개하다고 할 수 없다.

머리에 쏙쏙

문화의 전파

문화는 서로 다른 사회 구성원들끼리 접촉을 통해 전파됩니다. 외국인이 드나들거나 무역을 통해 이뤄지지요. 우리나라의 경우 조선 말기에 외국인 선교사를 통해 기독교가 들어왔지요. 다른 나라 또는 민족을 정복할 때도 문화가 전파됩니다.

텔레비전과 인터넷 등 매체를 통해 전파되기도 합니다. 우리나라의 음악과 드라마가 수출되면서 한류 문화의 인기가 높아졌지요.

다른 사회의 문화에서 아이디어를 얻어 새로운 문화를 창조하기도 합니다. 의상 디자이너들이 아프리카 등 전통 사회의 문양을 넣어 작품을 만드는 활동이 대표적인 예입니다.

2 시대에 따라 문화가 변화하는 까닭을 세 가지만 들어 보세요.

▲교통이 발달하지 않았을 때는 우마차를 타고 다녔다.

3 자문화 중심주의에 빠지면 어떤 문제점이 생길지 지적해 보세요.

> 생각이 쑤욱

4 지구촌의 문화가 다양하게 나타나는 까닭에 대해 예를 들어 설명하세요.

▲문화는 환경에 따라 다르게 나타난다.

5 문화의 다양성을 인정하면 같은 공동체 안에 여러 문화권의 사람이 함께 살아도 사회가 발전하는 까닭을 추측해 보세요.

▲프랑스 파리 북쪽에 있는 생드니의 거리 모습. 이곳 주민 10명 가운데 6명은 이슬람교 신자다.

 머리에 쏘옥

기후에 따라 모습 다른 전통 가옥

국가별 전통 가옥은 그 지역의 기후에 따라 모습을 다르게 짓습니다. 사계절이 뚜렷한 우리나라의 경우, 여름의 무더위를 피할 마루를 두고, 겨울 추위를 막을 온돌을 설치합니다.

일 년 내내 비가 많이 오고 더운 국가는 비가 지붕에 고이지 않도록 지붕의 경사를 가파르게 합니다. 그리고 습기와 해충을 막기 위해 땅에서 일정한 높이만큼 위로 올려 짓지요.

사막처럼 건조한 지역은 낮에 매우 덥고 밤에는 온도가 크게 떨어집니다. 따라서 낮의 열기를 막고 밤에는 열이 빠져나가지 못하게 벽을 두껍게 짓는답니다. 또 폭풍이 일어나면 모래가 들어오지 못하도록 창을 작게 냅니다.

극지방에서는 눈으로 벽돌을 만들어 쌓아 올리는 이글루를 짓지요. 지붕 꼭대기에는 구멍을 뚫어 공기를 순환시키고, 찬 공기를 막기 위해 입구를 돔 모양으로 작게 냅니다.

6 155쪽의 밑줄 친 부분을 참고해, 한 국가나 집단의 관습이 문화로 인정받으려면 어떤 조건을 갖춰야 할지 제시하세요.

▲이슬람 국가인 파키스탄 국민들이 명예 살인에 반대하는 시위를 하고 있다.

머리에 쏘옥

문화의 다양성을 막는 편견과 차별

문화의 다양성을 지키려면 다른 문화를 대할 때 편견을 버리고 차별하지 말아야 합니다.

문화적 편견이란 구성원의 피부 색깔이나 종교, 출신 국가의 경제 수준 등을 잣대로 문화 수준을 평가하거나 가치를 매기는 행위입니다. 그리고 문화적 차별이란 외국인 노동자와 난민 등 소수자에 대해 교육을 받을 기회를 빼앗고, 임금 수준을 낮추는 등의 사례가 이에 해당합니다.

7 아래 제시된 글을 참고해, 인류가 문화의 다양성을 지키려면 어떤 태도를 갖춰야 할지 말해 보세요.

스위스는 2021년 3월 7일(현지 시간) 국민투표를 거쳐 공공장소에서 얼굴을 가리는 이슬람 전통 복장을 입지 못하도록 했다. 이를 어기면 약 1215만 원의 벌금을 물어야 한다. 유럽에서는 얼굴을 가리는 사람은 범죄 의도가 있다고 여긴다. 따라서 테러 등 각종 범죄를 막기 위해 얼굴을 가리는 복장 착용을 금지해야 한다고 주장한다.

<신문 기사 참조>

▲얼굴을 가리는 이슬람 복장 착용을 금지해야 한다는 주장이 담긴 선거 포스터.

20 사회과학

백성들은 왜 『박씨부인전』에 열광했을까

▲ 원본을 베껴 쓴 『박씨부인전』 표지.

우리 옛 소설에도 여성이 영웅으로 나오는 작품이 있는데, 지금도 많이 읽히는 『박씨부인전』이 대표적입니다. 주인공 박씨 부인이 도술을 부려 병자호란 때 청나라 대군을 물리친다는 내용이지요. 숙종(재위 1674~1720) 때 쓰였다는데, 누가 언제 썼는지 정확하지는 않아요. 그런데 원본을 베껴 써서 만든 책이 많은 걸로 보아 그때도 큰 인기를 끌었을 것으로 보입니다. 『박씨부인전』의 내용과 인기를 끈 까닭을 공부합니다.

못생겼다고 구박해도 자기 일을 하다

　인조(재위 1623~49) 때 한양에 살던 이득춘은 벼슬이 높았다. 그런데 재주가 뛰어난 아들 이시백을 금강산에 사는 박 처사의 큰딸과 결혼을 시켰다. 이득춘이 보기에 박 처사의 인물됨이 뛰어나 딸도 그러하리라 생각했다.

　하지만 결혼식을 올리고 보니 신부의 얼굴이 흉측했다. 그날부터 남편은 박씨 부인을 멀리하고, 시어머니도 박씨 부인을 구박하기 시작했다. 박씨 부인은 그래도 자신을 아껴 주는 시아버지에게 부탁해 뒤뜰에 지은 조그만 집에서 몸종인 계화와 함께 살았다. 그러면서도 시집을 위해 자신의 재주와 지혜를 발휘했다.

　하루는 시아버지가 급하게 관복을 입어야 할 일이 생겼다. 박씨 부인이 하룻밤 사이에 지었는데도 솜씨가 아주 뛰어났다. 어느 때인가는 비쩍 마른 망아지를 값싸게 사다가 공을 들여 기른 뒤, 중국의 사신에게 비싸게 팔아 재산을 늘리는 영특함도 보였다. 이시백이 과거를 보러 갈 때도 신기한 연적을 주어 1등으로 붙게 했다.

　박씨 부인이 시집온 지 3년이 되는 날이었다. 박 처사가 이득춘의 집에 들러 도술을 써서 박씨 부인의 추한 허물을 벗겨 주었다. 그러자 얼굴이 선녀처럼 아름답게 변했다. 이시백의 가족은 미인이 된 박씨 부인에게 지난날의 잘못을 사과했다.

▲흉측한 허물을 벗고 미녀로 거듭 태어난 박씨 부인(오른쪽). 박씨 부인은 못생긴 외모 때문에 시집에서 3년간 구박을 당해야 했다. (그림 : 네이버 어린이백과)

이런 뜻 이에요

인조 조선의 제16대 왕. 청나라가 힘이 강해졌음에도 청나라를 멀리하고, 힘이 약해진 명나라와 친하게 지내는 바람에 청나라의 공격(병자호란)을 받았다.
처사 벼슬을 하지 않고 조용히 자연을 벗삼아 살던 선비.
연적 벼루에 먹을 갈 때 쓸 물을 담아 두는 그릇.
도술 도를 닦아 여러 가지 조화를 부리는 요술.

차별 당하던 여인이 나라를 구하다

이시백은 갈수록 지위가 높아져 병조판서가 되었다. 그 무렵 명나라가 반란으로 위태롭자, 인조의 명을 받아 임경업과 함께 명나라를 구하고 돌아왔다.

그때 힘이 세진 청나라가 명나라를 차지하려고 기회를 엿봤다. 그런데 뒤에서 공격을 받을까 봐 조선부터 치려고 했다. 청나라 임금은 먼저 이시백과 임경업을 없애려고 공주를 변장시켜 첩자로 보냈다. 박씨 부인은 이 사실을 미리 알고 자기 집에 숨어든 공주를 청나라로 내쫓았다.

화가 난 청나라 임금은 용골대 형제에게 군사 10만 명을 주어 조선을 공격하게 했다. 부인은 이 사실도 미리 알아 남편을 통해 인조에게 알렸지만, 간신들에게 여인의 얘기라고 무시당했다. 결국 1636년 청나라의 습격을 받자 인조는 한양을 포기하고 남한산성으로 피했다.

용골대는 성을 공격한 지 45일 만에 인조의 항복 문서를 받아 냈다. 그런데 한양에 남아 백성을 괴롭히던 아우 용홀대는 이시백의 집까지 침입했다가 박씨 부인의 신통력을 받은 계화에게 죽임을 당했다. 용골대가 원수를 갚으려고 이시백의 집으로 달려 갔으나, 박씨 부인에게 당한 뒤 목숨을 구걸해 청나라로 돌아갔다.

인조는 나라를 구한 박씨 부인에게 큰 상을 내리고, 이시백을 영의정에 올렸다.

▲박씨 부인은 여성이면서도 용기와 지혜를 발휘해 남성들이 벌벌 떨던 청나라 장수의 무릎을 꿇리고 나라를 구했다. (그림 : 네이버 어린이백과)

이런 뜻 이에요

병조판서 오늘날의 국방부 장관.
임경업 조선 시대 인조 때의 장군(1594~1646). 병자호란 때 명나라와 힘을 합쳐 청나라를 치려고 했으나, 뜻을 이루지 못하고 간신의 모함을 받아 죽임을 당했다.
용골대 형제 청나라의 형제 장군. 1636년 12월 10만 대군을 이끌고 쳐들어와 병자호란을 일으켰다.
남한산성 경기도 광주시 남한산에 있는 산성.

남성과 지배층을 통쾌하게 비판하다

▲병자호란 때 청나라로 끌려간 백성은 대다수가 여성이었다. 이때 겪은 아픔을 달래려고 현실에서 이룰 수 없었던 꿈을 담은 『박씨부인전』이 인기를 끈 것이다. (그림 : 네이버 어린이백과)

병자호란은 조선이 오랑캐(야만인)라고 얕보던 청나라에게 항복한 전쟁이었다. 하지만 소설에서는 청나라의 장수 용골대가 박씨 부인에게 혼이 나서 자기네 나라로 도망을 쳤다. 패배감에 빠져 있던 백성들은 청나라를 혼내 주는 이야기에 통쾌함을 느꼈을 것이다.

조선은 또 남성 중심의 사회여서 여성은 많은 차별을 받아야 했다. 박씨 부인도 결혼한 첫날부터 얼굴이 못생겼다고 구박을 당하는 힘없는 여성이었다. 하지만 소설의 뒷부분에서는 조선을 구한 영웅이 되었다. 전쟁에서 나라를 지키지 못한 남성들보다 뛰어난 여성 영웅의 등장이 무시당하던 여성들에게 대리 만족을 준 것이다.

여기서 백성들의 생각에 큰 변화가 있었음도 알 수 있다. 병자호란은 임진왜란이 터지고 44년 뒤 일어났다. 백성들은 조선의 역사에서 가장 고통이 컸던 두 전쟁을 거치면서 흔들리기 시작했다. 그때까지는 지배층을 무조건 따랐지만, 위기가 닥치자 힘없이 무너지는 지배층을 더 이상 믿을 수 없게 되었다.

그래서 억눌려 살았던 백성들 모두에게 저항 의식이 생기기 시작했다. 따지고 보면 소설에서 말하는 영웅은 박씨 부인으로 대표되는 여성뿐만 아니라, 억눌려 지내고 소외되었던 백성 모두를 말한다.

이런 뜻 이에요

임진왜란 조선 선조(재위 1567~1608) 때인 1592년에 일본이 쳐들어와서 1598년에 끝난 전쟁.

생각이 쏘옥

1 162쪽 밑줄 친 부분에서, 이시백이 박씨 부인에게 용서를 빌려면 어떻게 사과해야 할지 한 문장으로 적으세요.

▲이시백(1581~1660)의 모습. 그는 실제로 존재했던 인물이다.

2 박씨 부인의 시아버지인 이득춘의 인물됨은 어떤가요?

3 162쪽에서 알 수 있는 당시 젊은 남녀의 결혼 방식을 말해 보세요.

▲아버지들끼리 자식의 결혼을 정해 서로 얼굴도 보지 못한 채 결혼식을 올린 박씨 부인과 이시백. (그림 : 네이버 어린이백과)

> 💡 머리에 쏘옥
>
> ### 『박씨부인전』의 등장 인물의 성격
>
> 이시백은 아내인 박씨 부인이 내준 신기한 연적 덕분에 과거에서 1등으로 붙어 벼슬에 오릅니다. 그리고 어진 마음으로 백성을 다스려 칭찬을 받지요. 하지만 여인의 아름다움만 추구하는 당시 남성의 대표 인물로도 그려집니다.
>
> 박씨 부인의 시아버지인 이득춘은 인조 때 재상(오늘날의 차관 이상)입니다. 못생긴 며느리를 가족이 모두 구박하지만, 그의 바른 심성과 재주를 알아보고 감싸 주는 따뜻한 성격을 지녔습니다.
>
> 박씨 부인의 아버지 박 처사는 금강산에 사는 신선입니다. 딸의 추한 허물을 벗겨 줘서 아름다운 모습을 되찾게 하지요.
>
> 박씨 부인의 몸종 계화는 오랑캐가 쳐들어오자 박씨 부인이 불어넣어 준 신통력을 써서 용홀대의 머리를 베는 등 활약을 펼칩니다.

생각이 쏘옥

4 청나라가 왜 병자호란을 일으켰는지 설명하세요.

 머리에 쏘옥

병자호란이 일어난 까닭

병자호란은 '병자년(1636년)에 오랑캐(호)인 청나라가 일으킨 전쟁'이란 뜻입니다.

청나라를 세운 여진족은 원래 조선과 중국의 국경 지대인 만주에 살던 소수 민족이었죠. 그때 조선은 여진족을 오랑캐(야만인)라고 깔봤습니다.

그런데 여진족이 힘을 길러 1616년 후금을 세운 뒤, 중국의 다수 민족인 한족이 세운 명나라와 전쟁을 벌이고 있었어요.

후금은 명나라와 싸우면서도 뒤에서 조선의 공격을 받을까 봐 마음이 놓이질 않았습니다. 조선이 임진왜란 때 명나라의 도움을 받았기 때문입니다.

힘이 더욱 커진 후금은 청나라로 이름을 바꿨습니다. 그리고 조선에 명나라와의 관계를 끊고 '신하의 나라'가 되라고 강요했습니다. 하지만 조선이 이를 거절하자, 1636년 12월 대군을 앞세워 침략했습니다. 조선은 결국 다음 해 1월 항복하고 말았습니다.

5 이 소설의 지은이가 주인공인 박씨 부인이 도술을 부릴 수 있게 정한 까닭은 무엇인가요?

▲병자호란 때 인조가 엎드려서 머리를 조아리고 청나라에 항복하는 모습.

6 『박씨부인전』이 당시 인기를 끈 까닭을 세 가지로 정리하세요.

7 아래 주어진 글처럼 오늘날에도 여성에 대한 차별은 사라지지 않고 있습니다. 『박씨부인전』의 내용을 예로 들어 '유리 천장'을 빨리 없애야 한다고 1분 동안 설득하세요.

> 충분한 능력을 갖췄음에도 여성과 소수 민족 출신자들은 회사의 높은 자리로 승진하지 못하도록 막는 조직 내의 보이지 않는 장벽이 있다. 이를 '유리 천장'이라고 한다. '눈에 보이지는 않지만 결코 깨뜨릴 수 없는 장벽'이라는 뜻인데, 회사 안에서 굳어진 부정적인 생각 때문이다. 우리나라는 경제 수준이 비슷한 나라들 가운데 유리 천장이 가장 두껍다고 한다.

▲우리나라는 '유리 천장'이 특히 두껍고 낮다.

머리에 쏘옥

조선이 남성 중심의 사회가 된 까닭

조선은 유교의 나라입니다. 유교는 임금과 신하, 남편과 아내, 부모와 자식이 각각 해야 할 도리가 따로 있다고 가르쳤습니다.

특히 사회 활동은 남성의 몫이라고 보아 여성을 집 안에 묶어 두려고만 했습니다. 이에 따라 여성은 연약하고 수동적이어서 보호를 받아야 할 존재로 굳어졌지요.

여성은 아무리 재주가 뛰어나도 벼슬길에 나가지 못하고, 뜻을 펼칠 수 없었습니다. 그래서 갈수록 불만이 가득해졌지요.

이런 상황에서 남성들이 임진왜란과 병자호란을 막아 내지 못하자, 남성 중심 사회를 간접적으로 비판하면서 등장한 소설이『박씨부인전』입니다.

이 소설이 나온 뒤 여성 영웅이 주인공으로 등장하는 소설이 여러 편 나왔습니다. 여성의 능력은 최대화하고, 남성의 능력은 최소화하는 것이 여성 영웅 소설의 특징입니다.

초 5~6

와작 비문학

2호

예시 답안

자연과학

1. 풍력 발전 어떻게 이뤄지나

♣13쪽
1. 예시 답안
 배에 돛을 달아 바람의 힘으로 바다를 항해하고, 풍차를 이용해 물을 퍼 올리거나 그 힘으로 밀 등 곡식을 빻았다.

2. 예시 답안
 기후 변화의 원인이 되는 이산화탄소의 배출을 줄이고, 화석 연료의 고갈에 대비해 에너지 자립을 이뤄야 하기 때문이다. 우리나라는 2050년까지 탄소 중립을 이루겠다고 선언했다. 이산화탄소를 줄이지 않으면 기후 변화로 생태계가 파괴되고, 인류의 삶이 위협을 당한다. 따라서 우리나라는 풍력 발전을 이용해 2050년까지 전체 생산 전력의 10%로 늘린다는 목표를 세웠다.

3. 예시 답안
 전기를 생산하는 과정에서 다른 연료를 전혀 소비하지 않고, 온실가스도 배출하지 않기 때문이다. 쓰레기나 폐기물도 적게 나온다.

♣14쪽
4. 예시 답안
 풍력 발전은 바람의 운동 에너지를 전기 에너지로 바꾸는 발전 방식이다. 바람이 불면 회전 날개가 돌아간다. 이때 회전 날개와 이어져 있는 증속기는, 회전 속도를 높여 발전기에서 전기가 생산될 수 있도록 돕는다. 발전기에서 전기가 만들어지려면 발전기가 1초에 60번을 회전해야 하는데. 바람의 힘만으로는 부족하기 때문이다.

5. 예시 답안
 풍력 발전기의 회전 날개는 길이가 길고, 수가 많을수록 전기를 많이 생산할 수 있다. 바람 에너지를 많이 이용할 수 있기 때문이다. 하지만 풍력 발전기의 날개는 대개 세 개로 이뤄져 있다. 날개가 두 개인 풍력 발전기의 전기 생산량은 날개가 세 개인 발전기와 같다. 그럼에도 비용을 더 들여 세 개를 다는 까닭은 날개가 두 개일 때보다 안정성이 강하기 때문이다. 그런데 날개의 수를 더 늘리면 바람을 받는 면적이 커져서 전기의 생산량도 늘어난다. 하지만 타워가 날개의 무게를 견디지 못하고 꺾일 수 있다. 따라서 회전 날개의 수를 늘리는 대신, 길이를 늘리는 데 힘을 쏟고 있다.

♣15쪽
6. 예시 답안
 풍력 발전기는 새나 박쥐 등 날짐승의 생명을 위협한다. 날짐승들이 죽지 않게 막으려면, 풍력 발전기의 회전 날개에 색을 칠하는 방법을 생각할 수 있다. 새는 하얀색으로만 칠해진 회전 날개를 멀리서 확인하고 피하기가 어렵다. 따라서 풍력 발전기의 날개에 빨간색이나 파란색 등 잘 보이는 색을 칠할 경우 충돌을 막을 수 있다.

7. 예시 답안
 소음 공해 때문에 풍력 발전을 반대하는 사람들이 있다. 하지만 풍력 발전은 화석 연료의 사용을 줄여 기후 변화를 막는 데 도움이 된다. 지금 세계 여러 나라는 기후 변화로 인한 폭염과 홍수, 슈퍼 태풍 등 때문에 피해를 당하고 있다. 기후 변화는 온난화 때문에 일어난다. 온난화는 석유나 석탄 등 화석 연료를 써서 전기를 생산할 때 이산화탄소 등 온실가스가 나오기 때문에 발생한다. 풍력 발전의 에너지원인 바람은 온실가스를 배출하지도 않고 고갈되지도 않는다. 따라서 약간의 소음 공해가 있더라도 풍력 발전처럼 친환경 발전 기술을 이용해 기후 변화를 늦춰야 한다.

2. 용암 동굴이란 무엇일까

♣21쪽
1. 예시 답안
 용암 동굴은 화산이 폭발할 때 용암이 지표면으로 흘러내리면서 만들어지기 때문이다. 예를 들어 만장굴은 거문오름에서 화산이 폭발할 때 흘러내린 용암에 의해 만들어졌다.

2. 예시 답안
 용암 동굴이 만들어지려면 용암의 양이 많고, 온도가 높아서 끈적거림이 약해야 한다. 경사가 심하지 않은 골짜기나 평지에서도 흐를 수 있어야 하기 때문이다.

3. 예시 답안
 용암 동굴은 용암의 위치에 따라 용암이 식어서 굳는 시간이 다르기 때문에 만들어진다. 용암이 흘러내리는 동안 공기와 접촉하는 바깥 부분은 온도가 낮아 먼저 식으면서 굳는다. 이에 비해 안쪽의 용암은 온도가 높아 굳지 않고 흘러서 빠져나가므로 그 자리에 둥글고 긴 모양의 공간이 생긴다.

♣22쪽
4. 예시 답안

종류	개념과 생성 과정
종유석	용암 동굴의 벽이나 천장에 달린 용암 덩어리다. 용암이 흘러갈 때 동굴 내부의 열이 식지 않은 상태에서 동굴 벽이나 천장에 용암 방울이 맺혀 굳어서 생긴다.
석순	용암 동굴의 바닥에 돌출되어 굳은 용암 덩어리이다. 용암이 흘러갈 때 동굴 내부의 열이 식지 않은 상태에서 굳지 않은 용암 방울이 바닥으로 떨어져 만들어진다.
석주	용암 동굴 내부에 만들어진 기둥이다. 종유석이 석순과 이어져 만들어지고, 동굴 내부의 열이 식으면 성장이 멈춘다.

5. 예시 답안
 제주도 용천동굴 등 바다와 가까운 용암 동굴에는 석회로 이뤄진 다양한 색깔의 아름답고 화려한 종유석과 석주로 유명하다. 석회 성분의 조개껍데기가 섞인 바닷모래가 동굴 위의 지표면에 쌓여 있기 때문이다. 석회 성분은 빗물에 쉽게

녹기 때문에 동굴의 벽이나 천장의 갈라진 틈을 따라 내부로 흘러든다. 그런 뒤 동굴의 천장에 달라붙어 종유석을 만든다. 그리고 바닥에 가라앉아 쌓이면 다양한 모습의 석순으로 자란다. 그러다 종유석과 석순이 만나면 석주가 된다. 또, 동굴 천장의 틈을 따라 뻗어 내린 나무나 식물 뿌리에 석회 성분이 달라붙으면서 바닥까지 자라서 석주가 되기도 한다.

♣23쪽

6. 예시 답안

미국의 과학자들은 지구의 생물을 위협하는 핵전쟁이나 소행성 충돌, 전염병에서 지구 생물의 유전자를 보호할 수 있는 안전한 곳이 필요하다고 생각한다. 그런데 달은 지구에서 가까운데다, 용암 동굴의 내부는 온도의 변화가 적고 유전자를 변형시키는 방사선이나 우주에서 쏟아지는 유성도 막을 수 있다.

7. 예시 답안

세계자연유산인 용천동굴의 지하수가 화학 비료 성분에 의해 오염될 위기에 놓였다. 지하수가 오염되면 동굴 내부의 종유석과 석주 등을 망가뜨리고, 동굴에 사는 생물을 해칠 수 있다. 동굴을 보호하려면 공개된 동굴은 관람객의 수를 제한하고, 동굴 내부를 망가뜨리지 않도록 감시를 강화해야 한다. 일반인 출입을 금지한 동굴은 입구의 관리를 철저히 한다. 사람과 동물이 동굴에 함부로 들어가 내부를 파괴하거나 오염시킬 수 있기 때문이다. 동굴 외부는 보호 구역으로 정해 그 위에 도로를 내거나 농작물을 기를 수 없도록 관리한다. 뿌리를 깊이 내리는 나무나 식물도 없애야 한다. 동굴 천장의 틈을 키워 무너뜨릴 수 있기 때문이다.

3. 영구 동토층이 녹으면 어떻게 될까

♣29쪽

1. 예시 답안

지구 온난화로 영구 동토 지역의 기온이 오르고 있기 때문이다. 영구 동토층은 대기 온도가 영하로 내려갈 때 땅속의 물이 얼면서 만들어진다. 따라서 춥고 건조한 겨울이 계속되고, 연평균 기온이 섭씨 영하 1~5도가 되어야 발달한다.

2. 예시 답안

영구 동토층에는 이미 멸종했거나 과거부터 살아온 수많은 동식물의 사체가 썩지 않고 언 채로 묻혀 있기 때문이다. 영구 동토층은 수만 년 전부터 얼어 있다. 그래서 땅속에는 미생물부터 매머드까지 수많은 동식물의 사체가 언 채로 보존되어 있다. 밖으로 나오면 전염병을 일으킬 수 있는 박테리아와 바이러스도 함께 묻혀 있다. 영구 동토층은 어둡고 기온이 낮은 데다 산소가 없어 썩지 않는다.

3. 예시 답안

영구 동토층이 녹으면 땅속에 갇혀 있던 막대한 양의 온실가스가 빠져 나와 지구 온난화가 더 빨라진다. 얼어 있던 동식물이 기온이 올라 썩으면 이산화탄소와 메테인 등 온실가스를 만들어 내기 때문이다. 지형의 변화도 일어난다. 얼음이 녹으면서 생긴 구덩이에 호수가 만들어지고, 산사태가 일어나기도 한다. 또, 과거에 유행했던 바이러스와 세균이 밖으로 나와 전염병이 퍼질 수도 있다. 중금속이 대기 중에 퍼지거나 바다로 흘러들어 생태계를 파괴할 수도 있다. 얼음이 녹은 물이 바다로 흘러들어 해수면이 높아지면 저지대가 물에 잠기고, 땅이 꺼지면서 건물이나 철도 등 사회 기반 시설이 파괴될 수도 있다.

♣30쪽

4. 예시 답안

영구 동토층이 녹으면 사람이 살 수 있고 농사를 지을 수 있는 땅이 늘어난다. 지하자원도 개발할 수 있다. 영구 동토층에는 금이나 다이아몬드, 희귀류 등 희귀한 지하자원이 많이 묻혀 있다. 과거에 멸종한 생물을 연구하고 복제할 수도 있다. 동식물의 사체가 언 채로 묻혀 있어서 유전자를 쉽게 얻을 수 있기 때문이다.

5. 예시 답안

영구 동토층은 여름이면 얼음이 녹아 땅이 꺼지는 일이 발생한다. 따라서 맨땅 위에 집을 지으면 무너지거나 한 쪽으로 기울어질 수 있으므로 땅속 깊은 곳까지 기둥을 박은 뒤, 땅에서 조금 띄워 집을 지어야 한다. 그리고 매우 추운 날이 계속되기 때문에 실내 온도를 유지하려면 창문의 개수를 줄이고 크기도 작게 내야 한다. 지붕은 눈이 쌓이지 않게 경사를 크게 해 짓는다.

♣31쪽

6. 예시 답안

영구 동토층에는 과거에 유행한 세균과 바이러스가 산 채로 묻혀 있기 때문에 얼음이 녹으면 밖으로 퍼져 나와 전염병을 일으킬 수 있다. 최근 탄저균이 발견된 시베리아 지역의 기온이 섭씨 35도까지 오르는 이상 고온 현상이 일어났다. 이에 따라 영구 동토층의 얼음이 녹으면서 갇혀 있던 탄저균이 밖으로 나와 사람과 순록을 감염시켰을 것이다.

7. 예시 답안

육류 소비가 늘면 가축이 내뿜는 메테인의 양도 늘어난다. 온실가스인 메테인은 지난 20년간 이산화탄소보다 지구 온난화에 85배나 더 큰 영향을 미쳤다. 따라서 가축을 많이 기를수록 지구의 온도가 빠르게 오르고, 영구 동토층도 더 빠르게 녹는다. 지구 온난화를 부추기는 메테인을 줄이려면 육류 소비를 줄여야 한다. 그러려면 육류를 대체할 수 있는 식품을 개발해야 한다. 식물의 단백질을 이용해 맛이나 냄새, 씹는 느낌까지 실제 고기와 비슷한 인공 고기를 만들면 된다. 실험실에서 가축의 세포를 배양하면, 실제 가축을 기르지 않고서도 고기를 얻을 수 있고, 메테인도 나오지 않는다.

4. 세상을 바꾼 발명품 화약 무기

♣37쪽

1. 예시 답안

-화약 무기가 세계 역사의 흐름을 바꿨기 때문이다. 몽골의 칭기즈 칸과 그 후손들은 화약 무기를 이용해 세계 역사에서 가장 넓은 영토를 가진 나라를 세웠다. 유럽에서는 화약 무기의 등장으로 기사들이 힘을 잃었다.

-화약 무기가 전쟁의 모습을 바꿔 놓았기 때문이다. 전쟁의 규모도 커지고, 다치거나 죽는 사람도 늘었다.

2. 예시 답안
불사약을 만드는 사람들이 우연히 염초와 유황, 숯을 섞어 가열했는데, 이것이 순식간에 폭발하면서 화약을 발명하게 되었다.

3. 예시 답안
화약이 폭발할 때 생기는 강한 힘으로 화살이나 포탄을 멀리 발사할 수 있었다. 화약의 힘이 강하면 화살을 한 번에 여러 발 쏠 수 있었다.

♣38쪽
4. 예시 답안
고려 말부터 조선 초까지 한반도는 남쪽의 왜구와 북쪽의 여진족에게 자주 공격을 받았다. 이러한 상황에서 백성을 구하고 나라를 지키려면 왜구와 여진족을 쉽게 물리칠 수 있는 새로운 무기가 필요했다. 따라서 화약 무기를 개발할 수밖에 없었다.

5. 예시 답안
일본군이 무장한 조총의 위력을 제대로 알지 못했기 때문이다. 일본은 멀리서 총을 쏠 수 있는 조총 부대를 앞세웠다. 하지만 신립 장군은 조총을 얕보고, 기병 부대를 내세웠다. 특히 충주에 있는 평야에서는 조총의 총알을 막을 장애물이 없었으므로, 기병들이 조총 부대에게 큰 피해를 볼 수밖에 없었다.

♣39쪽
6. 예시 답안
화약 무기가 나오기 전에는 누구나 갑옷과 무기만 있으면 전쟁터에 나갈 수 있었다. 그런데 화약 무기가 등장하면서 무기를 다룰 수 있는 기술을 익힌 군인이 필요했다. 그리고 화포는 여럿이 협동을 해야 사용할 수 있었다. 따라서 군대에서 화약 무기를 다루는 훈련이 중요하게 되었다.

7. 예시 답안
화약 무기가 인류에게 끼친 부정적인 영향은 전쟁의 피해를 키워 많은 사람의 생명을 앗아간 일이다. 세계 여러 나라는 화약 무기를 계속 발전시켰다. 군사력을 키워 나라도 지키고, 다른 나라와 전쟁도 벌여야 했기 때문이다. 화약 무기의 위력이 강해지면서 전쟁터에서 죽는 사람이 증가했다. 노벨이 무기로 사용할 수 있는 다이너마이트를 발명하면서 한 번의 폭발로 많은 사람이 죽었다. 제1차 세계대전 때는 1분에 600발까지 쏠 수 있는 기관총이 개발되어 수많은 사람을 희생시켰다.

5. 동물은 의사 소통을 어떻게 할까

♣45쪽
1. 예시 답안
사람은 언어를 통해 자기의 생각이나 감정을 정확하고 다양하게 나타낼 수 있다. 그리고 아무리 전달할 내용이 복잡하고 길어도 의사 소통이 가능하다. 또 생각이나 감정을 빗대어서 표현할 수 있고, 모르는 내용이나 더 알고 싶은 내용은 질문을 통해 주고받을 수 있다. 이에 비해 동물의 의사 표현 방식은 단순하며, 긴 내용을 담을 수도 없다. 그리고 빗대어서 표현할 수도 없고, 질문도 없는 일방적인 방식이다.

2. 예시 답안
숲은 나무가 우거져서 앞이 잘 보이지 않아 소리로 의사를 전달할 수밖에 없다. 따라서 조류는 의사를 소통하는 데 필요한 소리를 발달시켰다.

3. 예시 답안
20초=(3400m÷340m)+(3400m÷340m) : 한 코끼리가 소리를 내서 상대방 코끼리에게 도달하는 시간이 10초 걸리고, 그 신호를 들은 코끼리가 다시 소리를 내서 상대 코끼리에게 도달하는 시간도 10초 걸린다.

♣46쪽
4. 예시 답안
동물이 자신의 텃세권을 정한 상태에서 소리 신호나 페로몬 등으로 경고 표시를 하지 않을 경우 같은 종끼리 텃세권이 겹치게 되어 서로 다투는 일이 잦아질 것이므로 종족 번식이 어려울 수 있다.

5. 예시 답안
얼굴의 표정이나 색깔을 변화시켜 자기 감정을 표시한다/주먹으로 가슴을 쳐서 상대를 위협하거나 발로 쿵쿵 울려 동료에게 위험을 알린다/집게발을 치켜들어 상대에게 다가오지 말라고 경고한다/서로 핥고 비비는 등 접촉을 통해 친근함을 표시한다/춤을 춰서 어디에 무슨 꽃이 있는지 정보를 주고받는다 등.

♣47쪽
6. 예시 답안

	장점	단점
소리	보이지 않거나 멀리 떨어진 곳에서도 식별할 수 있다.	시끄러운 곳에서는 의사 전달이 어렵고, 오래 지속되지도 않는다.
냄새	오랫동안 남으므로 소리의 단점을 해결할 수 있고, 어두워도 의사 전달이 가능하다.	비가 오면 흔적이 지워질 수 있고, 다른 동물의 냄새와 섞이면 구분하기 어렵다.
몸짓	소음이 있어도 상관없고, 다른 수단보다 더 친밀하게 소통할 수 있다.	어둡거나 멀리 떨어져 있으면 의사 전달이 어렵다.
빛	어두울수록 의사 소통이 더 잘되고, 소음이 있어도 가능하다.	낮에는 빛이 보이지 않아 의사 소통을 제대로 할 수 없다.

7. 예시 답안
이스라엘 텔아비브대학교의 연구진은 2017년 1월에 자기들이 개발한 인공 지능 컴퓨터를 이용해 이집트 과일박쥐들이 끽끽거리는 소리를 분석하는 데 성공했다. 이 연구진은 아프리카와 중동 지역에 많이 사는 이집트 과일박쥐 22마리가 옹기종기 모여 쉴 때 내는 소리를 분석했다. 그런데 주로 잠자리나 먹이 문제로 다투고, 짝짓기를 둘러싸고 갈등하는 내용이었다. 그리고 그 말다툼이 어떻게 끝날지도 예측할 수 있었다. 이처럼 동물의 의사 소통 내용을 알 수 있다면 그 동물이 어떤 위기에 놓여 있는지도 파악할 수 있어 희귀 동물의 멸종을 막을 수 있다.

6. 동물과 식물의 차이점

♣53쪽
1. 예시 답안
생물은 생명이 있는 물체이다. 생물의 몸은 세포로 이뤄져 있고, 산소를 들이마시고 이산화탄소를 내뱉는 호흡을 한다. 양분을 만들거나 공급 받아 에너지로 바꿔 사용한다. 환경에 적응하는 과정에서 진화하거나 퇴화하지만, 고유의 특성을 잃지 않는다. 짝짓기 등을 통해 대를 잇고 수를 늘린다. 이에 비해 무생물은 생명이 없는 물체를 말한다. 종류에 따라 구성 물질이 다르며, 호흡을 하지 않는다. 자손을 퍼뜨리는 능력도 없다.

2. 예시 답안

	바이러스	세균
차이점	-세포로 이뤄지지 않았다. -다른 생명체의 세포에 붙어 기생한다.	-세포로 이뤄졌다. -스스로 활동에 필요한 에너지를 만든다.
바이러스가 생물이 아닌 까닭	생물의 몸은 세포로 이뤄져 있지만 바이러스는 세포로 이뤄지지 않아 무생물의 특성을 띤다.	

3. 예시 답안
버섯이 식물이라면 몸에 엽록체가 있어서 스스로 양분을 만들어 에너지를 얻을 수 있어야 한다. 하지만 버섯은 엽록체가 없어서 스스로 양분을 만들지 못하고, 다른 생물체에 기생하면서 양분을 얻는다. 그리고 식물처럼 땅에 뿌리를 내리지도 않는다. 버섯은 균류에 속한다. 균류는 크기가 매우 작아 현미경으로 관찰해야 볼 수 있다. 버섯은 작은 균이 눈에 보일 정도로 자란 것이다.

♣54쪽
4. 예시 답안
동물은 스스로 양분을 만드는 식물과 달리 바깥에서 양분을 공급 받는다. 풀이나 곡물, 고기 등을 먹고 위장이나 창자 등 소화 기관을 통해 소화시킨 뒤 양분을 흡수한다. 흡수된 양분은 세포에서 일어나는 호흡을 통해 에너지로 바꿔서 활동하는 데 사용한다.

5. 예시 답안
동물과 식물은 살아 있는 동안에는 끊임없이 산소를 들이마시고 이산화탄소를 내뱉는 호흡을 한다. 그런데 동물은 대개 허파나 피부, 아가미 등의 호흡 기관을 이용해 호흡한다. 세포 호흡도 하는데 세포에서 양분이 산소와 만나 에너지로 바뀌는 활동이다. 호흡 기관이 없는 식물은 세포 호흡만 한다. 세포를 이용해 밤낮으로 산소를 마시고 이산화탄소를 내뿜는다. 하지만 동물과 달리 낮에는 광합성을 하면서 많은 양의 산소를 만들어 공기 중에 방출한다. 따라서 낮에는 이산화탄소보다 산소를 공기 중에 더 많이 내보낸다. 하지만 햇빛이 없어 광합성이 일어나지 않는 밤에는 동물처럼 이산화탄소만 내보낸다.

♣55쪽
6. 예시 답안
-사막에 사는 여우는 사막의 더운 날씨에 적응하기 위해 귀의 크기를 키웠다. 귀가 크면 몸의 열을 바깥으로 잘 내보낼 수 있기 때문이다. 발바닥에도 털이 빽빽하게 나 있어 모래 위를 걸을 때 모래 속으로 발이 빠지지 않고, 열에 데워진 모래에 화상을 입지 않는다.
-선인장은 사막에 적응하기 위해 잎을 뾰족한 가시 모양으로 진화시켰다. 그래서 잎을 통해 수분이 증발하는 양이 적다. 가시 모양의 잎 덕분에 물을 찾는 새나 곤충 등의 공격에서 자신을 보호할 수도 있다. 선인장은 물이 있는 곳을 찾아 뿌리를 길게 내리거나 넓게 퍼뜨릴 수 있다. 비가 내렸을 때는 물을 많이 흡수해 오랫동안 저장할 수 있다.

7. 예시 답안
동식물의 연구를 꾸준히 해야 하는 까닭은, 생긴 모습이나 살아가는 방법에서 아이디어를 얻어 문제를 해결하고 기술을 발달시켜 사람들이 편리하게 살 수 있기 때문이다. 신발이나 가방에 자주 쓰이는 벨크로 테이프는 도꼬마리를 관찰한 뒤 씨앗에 달린 갈고리를 본떠 만들었다. 일본에서는 물총새의 머리 모양을 고속 열차의 디자인에 접목해 고속 열차의 소음 문제를 해결하고, 속도도 높일 수 있게 되었다. 동식물에서 사람들에게 도움이 되는 성분을 찾아내 약이나 건강 식품을 개발할 수도 있다. 동식물을 보호하고 멸종을 막는 데도 도움이 된다. 동식물의 습성을 알면 그들에게 맞는 서식지와 먹이를 마련하고, 멸종 위기에 놓인 동식물을 복원하는 데도 도움이 된다.

7. 발효와 부패

♣61쪽
1. 예시 답안
부패균은 배탈이 나게 한다. 부패균은 음식을 상하게 하고, 사람이 상한 음식을 먹으면 배탈이 난다.

2. 예시 답안

	발효	부패
공통점	미생물의 무산소 호흡으로 나타나는 작용이다.	
차이점	사람의 건강에 이롭다.	사람의 건강에 해롭다.

3. 예시 답안

발효는 미생물이 무산소 호흡을 하는 과정에서 나타난다. 미생물은 무산소 호흡을 하면서 자기에게 필요한 에너지를 얻고, 새로운 물질을 만들어 낸다. 이 물질이 인간에게 이로운 역할을 하면 발효라 부른다.

♣62쪽

4. 예시 답안

유산균이 점점 자라나 김치를 발효시킨다.

5. 예시 답안

유산균과 효모균이 식품을 발효시키면 사람의 건강에 도움이 되는 물질이 나온다. 유산균은 소화를 돕는 물질을, 효모균은 스트레스를 줄이고 심장병에 도움이 되는 물질을 만든다. 유산균과 효모균은 식품을 발효시켜 보관 기간을 늘려 준다는 공통점도 있다.

♣63쪽

6. 예시 답안

발효는 자연 상태에서 인간에게 이로운 물질을 만드는 활동으로 자연 환경에 피해를 끼치지 않기 때문이다. 발효의 원리를 활용한 음식물 쓰레기 기계는 버려지는 음식물 쓰레기의 양을 줄여 준다. 사탕수수를 발효시켜 만든 바이오 연료도 석유처럼 환경에 해로운 화석 연료의 사용을 줄여 준다. 사탕수수를 미생물과 발효시키면 알코올이 나오는데, 알코올에서 물 등을 걸러내면 바이오 연료가 된다.

7. 예시 답안

발효는 사람의 몸을 건강하게 만들어 주는 물질을 만든다. 내 친구 행복이도 주변 사람의 마음을 편안하게 만드는 재주가 있다. 친구가 슬퍼하면 함께 슬퍼하고, 즐거워하면 함께 즐거워한다. 다른 사람의 고민 이야기도 잘 들어 주고, 힘이 되는 위로도 건넨다. 다른 사람의 마음을 편하게 만들어 주는 행복이는 사람을 건강하게 만들어 주는 발효와 닮았다.

8. 붉은불개미가 정착하면 어떻게 될까

♣69쪽

1. 예시 답안

여왕개미	번식할 수 있다. 일개미보다 2~3배 정도 크기가 크다.
공주개미	여왕개미가 되기 전의 암컷 개미다. 수개미들과 혼인 비행을 하면 여왕개미가 되어 번식을 할 수 있다.
일개미	번식을 하지 못하고, 크기가 작다.

2. 예시 답안

붉은불개미가 생존 능력이 뛰어난 까닭은 번식력이 강하기 때문이다. 여왕개미는 6~9월에 하루 1500개의 알을 낳는다. 그리고 먹성도 왕성해 곤충의 사체나 음식물 쓰레기까지 먹어 치우며 아무데서나 생존할 수 있다. 홍수나 가뭄, 추위에도 강해 우리나라의 여름이나 겨울 날씨에도 잘 지낼 수 있다.

3. 예시 답안

붉은불개미는 세계 100대 '악성 침입 외래종'에 속할 정도로 생태계와 사람에게 피해를 줄 위험성이 크다. 또 번식력과 생존력이 뛰어나 전국에 빠른 시간 안에 정착할 위험이 있다. 따라서 정부는 미리 생태계교란종으로 지정해 붉은불개미가 우리나라에 정착하지 못하도록 대책을 세우려 한 것이다.

♣70쪽

4. 예시 답안

토종 개미들보다 공격적이고 힘이 센 데다 독성이 강해 사람을 공격하면 문제가 되기 때문이다. 붉은불개미의 독성은 말벌보다 약하지만, 어린이나 노약자들에게 호흡 장애를 일으킬 수 있고, 심하면 사망에 이를 수도 있다.

5. 예시 답안

	예상되는 악영향
자연생태계	-토종 개미들의 생존을 위협할 수 있다. -식물의 뿌리와 덩이줄기를 파괴해 성장을 방해한다.
사람	-씨앗과 과일을 먹어 치워 농장에도 골칫거리다. -진딧물과도 서로 도우며 살아 농사에 방해가 된다. -사람을 공격해 건강을 해칠 수 있다.

♣71쪽

6. 예시 답안

우리 정부는 붉은불개미를 미리 생태계교란종으로 지정하고 대책 마련에 나섰다. 붉은불개미가 들어온 항구에는 전문가를 보내 배와 화물을 소독하고 감시를 강화했다. 붉은불개미가 발견된 지역에는 독이 든 먹이를 뿌려 살아 있는 개미들을 제거하고 있다. 그리고 붉은불개미가 정착할 수 없도록 항구의 바닥에 난 틈도 메웠다.

7. 예시 답안

우리나라에는 붉은불개미가 들어오기 전부터 외래 생물이 들어와 토착 생물의 생존을 위협하고 있다. 가시박이라는 식물은 주변의 나무나 풀 등을 감고 영양분을 빨아 먹으며 자란다. 그리고 자기 주변에 물질을 내뿜어 다른 식물이 자라지 못하게 만든다. '괴물쥐'로 알려진 뉴트리아도 우리나라의 생태계를 어지럽히고 있다. 1년에 30마리 넘게 새끼를 칠 정도로 번식력이 강한 데다, 물고기와 개구리, 곤충 등을 닥치는 대로 먹어 치운다. 붉은불개미도 우리나라에 정착하면 토종 개미들의 생존을 위협하면서 생태계의 균형을 깨뜨릴 수 있다.

9. 고래와 지구 온난화

♣77쪽

1. 예시 답안

	고래	바닷물고기
공통점	-바다에서 산다. -지느러미가 있다.	

차이점	-육상 동물이 진화했다. -새끼를 낳아 젖을 먹여 기른다. -지느러미를 위아래로 움직이며 이동한다. -물 밖에서 숨을 들이마시고 내뱉으며 허파 호흡을 한다.	-원래 바다에서 살던 동물이 물고기로 진화했다. -알을 낳고, 알에서 깬 새끼는 플랑크톤을 먹고 산다. -지느러미가 옆으로 움직이며 이동한다. -물속에서 아가미 호흡을 한다.

2. 예시 답안

　수염고래는 바닷물을 빨아들인 뒤 입안에 나 있는 긴 털을 이용해 물을 걸러내면서 크릴 등 작은 먹이를 주로 먹는다. 이에 비해 이빨고래는 수염이 없는 대신 작은 이빨이 촘촘히 나 있어 오징어나 물고기, 조개 등을 잡아먹고 산다.

3. 예시 답안

　고래가 바다로 들어가 사는 까닭은 육지에 먹이가 부족했기 때문이다. 고래의 조상은 5000만~6000만 년 전까지 육지에서 살았는데, 이때 육지에 동물이 늘어나 먹이가 부족해졌다. 고래의 조상은 먹이를 구하기 위해 바다를 선택했다. 처음에는 바닷가에서 먹이를 구하다 점차 바다에 익숙해지자 바다와 육지를 오가면서 생활했다. 시간이 갈수록 바다에서 지내는 시간이 늘어나면서 고래의 몸도 바다에 살기에 알맞게 진화했다.

♣78쪽

4. 예시 답안

　1900년대부터 고래가 빠르게 줄어든 까닭은 나라들마다 돈벌이를 위해 고래를 마구 잡아들였기 때문이다. 그리고 고래 사냥을 금지한 뒤에도 과학 연구를 핑계로 고기를 얻기 위한 사냥을 계속하는 데다, 어부들이 쳐 놓은 그물에 걸려 죽는 고래도 적지 않다. 기후 변화로 서식지가 파괴되고, 바다에 흘러든 플라스틱 쓰레기와 오염 물질도 고래의 생명을 위협한다.

5. 예시 답안

　멸종 위기에 놓인 고래를 보호하기 위해서는 그물에 걸려 죽는 고래 외에는 사고파는 것을 막아야 한다. 고래가 이동하는 길을 정확히 파악한 뒤, 불법적인 고래 사냥을 강력하게 단속해야 한다. 그리고 고래의 생명을 위협하는 바다 쓰레기를 줄이고, 바닷물이 오염되지 않도록 감시한다. 고래가 지구 온난화 방지에 도움을 주는 동물이라는 점도 알려서 사람들이 관심을 두게 하는 것도 중요하다.

♣79쪽

6. 예시 답안

　식물플랑크톤은 육지 식물이 흡수하는 이산화탄소 양의 60%를 흡수해 지구 온난화를 막는 데 큰 도움이 된다. 고래의 배설물에는 식물플랑크톤이 번식하는 데 필요한 철분이 풍부하다. 식물플랑크톤은 철분을 흡수한 뒤 영양분을 만들어 성장한다. 성장한 식물플랑크톤은 크릴이나 작은 물고기의 먹이가 되고, 크릴과 작은 물고기는 고래의 먹이가 된다. 고래는 바다 깊은 곳을 헤엄쳐 다니다가 해수면 가까이에 올라와 배설물을 배설한다. 이 배설물이 플랑크톤에게 철분을 제공하기 때문에 식물플랑크톤의 번식을 돕는다.

7. 예시 답안

　바다에 철분을 뿌리면 식물플랑크톤을 늘릴 수 있다. 철분은 식물플랑크톤의 먹이가 되기 때문이다. 식물플랑크톤의 번식을 도왔던 고래가 멸종하면 바다의 철분이 부족해진다. 따라서 식물플랑크톤을 늘리기 위해서는 바다에 철분을 뿌려야 한다. 큰 배에 많은 쇳가루를 싣고 가서 식물플랑크톤이 잘 자랄 수 있는 넓은 바다에 뿌리는 것이다. 육지에서 식물들이 잘 자라도록 비료를 주는 것과 비슷하다. 철분을 뿌리면 이를 먹이로 삼아 식물플랑크톤이 늘어나고, 식물플랑크톤이 이산화탄소를 흡수해 지구 온난화를 막을 수 있다.

10. 전염병 옮기는 모기를 박멸하면 좋을까

♣85쪽

1. 예시 답안

　집에서는 화장실이나 주방, 화분 물받이 등 물이 고인 곳에 알을 낳는다. 도시에서는 정화조나 하수구, 각종 수조(물을 담아 두는 큰 통), 방화용수, 물웅덩이 등을 들 수 있다. 도시 바깥에서는 하천이나 저수지, 늪, 쓰레기장 등에 낳는다.

2. 예시 답안

　암모기는 알을 낳을 때가 되면 여러 동물의 피를 빨아 단백질을 섭취한다. 이때 모기가 병균에 감염된 동물의 피를 빨고 나서 사람의 피를 빨면, 그 병균이 사람에게 옮겨진다.

3. 예시 답안

　모기는 성충이 되면 활동성이 커져 잡기 어려우므로 애벌레로 겨울을 나는 정화조나 하수를 소독해야 한다. 그리고 모기가 알을 낳는 물웅덩이의 물을 빼거나 메워야 한다. 애벌레가 사는 하천이나 늪, 저수지의 수초를 없애고, 애벌레를 잡아먹는 미꾸라지 등 물고기를 풀어 놓는다.

♣86쪽

4. 예시 답안

　어린이들의 식비와 의료비에 돈을 쓸 것이다. 아프리카에서는 매일 수백 명의 어린이가 굶어서 죽는다. 가뭄과 홍수, 전쟁 때문에 땅이 황폐해져서 농사를 짓지 못하기 때문이다. 공부를 하거나 일을 하고 싶어도 배가 고프거나 아프면 못하기 때문이다. 한 달에 1만 원만 지원하면 영양실조에 걸린 어린이 15명에게 영양식인 유니믹스 한끼를 먹일 수 있다. 2만 원이면 120명의 어린이에게 홍역, 소아마비, 결핵, 파상풍, 백일해, 디프테리아 예방 접종을 해 줄 수 있다.

5. 예시 답안

　열대 우림의 나무는 대개 울창한 활엽수다. 그래서 내리쬐는 햇빛을 막아 준다. 그 밑에는 음지 식물이 자라고, 습기에 의존해 사는 생물이 있다. 따라서 나무를 베어 내면 식물이 말라 죽고, 물고기와 미생물도 살 수 없게 된다. 그럼 식물을 뜯어먹고 살던 초식 동물이나 초식 동물을 먹고 살던 육식 동물도 굶주리고, 그 수도 줄어든다. 나무에서 살던 금강앵무 등 새도 터전을 잃고, 먹이로 삼던 벌도 그 곳을 떠나게 된다. 벌

175

이 사라지면 식물의 가루받이가 안 돼 열매를 맺을 수 없게 되어 식물도 사라진다.

♣87쪽

6. 예시 답안

　병원에 가면 예방 주사 맞기가 겁이 나서 떼를 쓰는 어린이가 적지 않다. 모기의 입을 본떠 만든 통증이 없는 어린이용 주사바늘을 발명하면 해결될 것이다. 모기는 사람을 아프지 않게 문다. 그래서 모기의 입을 연구하면 통증이 없이 놓을 수 있는 주사바늘을 만들 수 있을 것이다. 주사를 매일 맞아야 하는 환자들에게도 도움이 될 것이다.

7. 예시 답안

　모기를 모두 없애면 모기가 옮기는 질병도 사라지고, 모기 퇴치와 질병 치료에 들어가는 돈도 절약할 수 있어 이익이 된다. 하지만 모기를 모조리 없애면 모기 대신 다른 곤충이 더 나쁜 질병을 옮길 수도 있다. 장구벌레를 먹이로 삼는 미꾸라지 등 물고기와 잠자리 애벌레, 물방개 등도 굶주린다. 또 성충을 먹이로 삼는 새와 박쥐, 풀벌레도 먹이 부족에 시달리게 된다. 모기가 없으면 모기에 기생해 살던 미생물도 사라진다. 카카오 등 나무나 식물의 가루받이가 안 돼 번식하지 못한다. 장구벌레들이 물을 정화시키지 못하게 된다.

사회과학

11. 민주주의란 무엇인가

♣93쪽

1. 예시 답안

　그리스에서 태어난 남성 어른만 투표에 참여할 수 있었고, 여성이나 이민자, 노예 등은 투표를 할 수 있는 권리가 없었기 때문이다.

2. 예시 답안

독재	민주주의
-왕이나 독재자가 나랏일을 결정한다. -국민은 독재자의 결정에 따라야 하고, 독재자를 비판할 수 없다.	-국민이 나랏일을 결정한다. -국민은 자유롭게 자기 의견을 표현할 수 있다.

3. 예시 답안

　자유가 없으면 자기가 원하는 정치인을 대표자로 뽑을 수 없고, 잘못을 저지른 정치인을 비판할 수도 없다. 직업을 선택하거나 거주지를 맘대로 옮길 수도 없다. 평등하지 않으면 힘없는 사람은 나랏일에 참여하지 못해 주권을 행사하지 못한다.

♣94쪽

4. 예시 답안

　대표자는 개인의 욕심을 앞세워 나랏일을 자기 멋대로 하는 사람이 되어서는 안 된다. 의견이 다른 사람들을 설득해 타협을 이끌어 내야 하므로 조정 능력이 뛰어나고 말을 잘해야 한다. 국민을 대신해 나라의 중요한 결정을 내려야 하므로 판단력이 좋고 정의로워야 한다.

5. 예시 답안

　인터넷에 홈페이지를 만들고 국민이 의견을 낼 수 있는 온라인 게시판을 운영한다. 국민이 게시판에 의견을 냈을 때 많은 사람이 찬성하면, 대표자는 이를 나랏일에 반영해야 한다. 이렇게 하면 대표자가 국민의 말에 따르지 않고 멋대로 일을 처리하지 못하도록 할 수 있다.

♣95쪽

6. 예시 답안

	지켜지지 않을 경우의 문제점
보통 선거	판단력이 없는 아기에게도 투표권을 줘야 하므로 올바른 의사 결정을 하기 어렵다.
평등 선거	부자나 권력이 있는 사람 등에게 더 많은 투표권이 주어진다.
비밀 선거	국민들끼리 다툼이 일어나 사회가 혼란에 빠질 수 있고, 나중에 보복을 당할 수도 있다.
직접 선거	대리로 투표할 수 있기 때문에 본인의 의견과 다르게 투표가 이뤄질 수 있다.
민주주의에 미치는 악영향	
유권자들이 원하는 후보가 당선되지 못해 참된 민주주의 실현이 어렵다.	

7. 예시 답안

　-나는 행복이에게 투표하겠다. 학교 생활에서 다른 친구들과 사이좋게 어울려 지내고, 좋은 인성을 배우는 일도 중요하다. 그러나 가장 중요한 목적은 공부에 있다. 행복이의 공약대로 방과후에 함께 모여 공부하는 모임을 만들면, 서로 선의의 경쟁을 하면서 공부를 열심히 하는 분위기가 만들어질 것이다. 또 공부를 잘하는 학생이 성적이 떨어지는 친구를 돕는 학습 도우미 역할을 하면 사이가 좋아져 왕따가 생기는 일도 사라질 것이다.

　-나는 행운이에게 투표하겠다. 공부는 선생님과 부모님에게도 배울 수 있다. 그러나 왕따가 없는 학급은 학생들 스스로 만들어야 한다. 왕따는 여러 아이가 뭉쳐 마음에 들지 않는 아이를 괴롭히는 행위이다. 왕따를 당하면 피해 학생뿐만 아니라 반 전체의 분위기가 나빠진다. 행운이의 공약대로 칭찬 대회와 단합 모임을 열면 친구들의 사이가 좋아져 따돌림이 없는 즐거운 학급이 될 것이다. 반 분위기가 좋아지면 공부도 더 잘 될 것이다.

12. 우리나라 화폐의 발달

♣101쪽

1. 예시 답안

　-물건의 가치를 쉽게 비교할 수 있는 역할을 한다. 예를 들

어, 친구의 생일 선물을 살 때 화폐로 표시된 가격을 비교해 어느 것이 비싸거나 싼지 알 수 있다.
- 물건을 사고파는 역할을 한다. 예를 들어, 문구점에 가서 화폐를 이용해 값을 치르고 내가 원하는 물건을 살 수 있다.
- 저축을 해서 재산을 불리는 역할을 한다. 용돈을 아껴서 은행에 맡기면 저축한 액수가 점점 늘어난다.

2. 예시 답안

물품 화폐는 주변에서 구하기 쉽고, 생활에 필요하며, 누구에게나 가치 있는 물건으로 정해졌다. 그래서 삼국 시대에는 주로 쌀과 베를 화폐 대신 사용했다. 벼농사를 많이 짓는 우리나라에서 쌀은 주요 생산품이었고, 베는 옷을 짓는 등 생활에 필요한 물건이었기 때문에 물품 화폐로 사용하기에 적당했다.

3. 예시 답안

지방에 상업이 발달하지 못했기 때문이다. 고려 시대에 동전과 은병 등을 만들어 화폐 사용을 장려했지만, 수도인 개경에서만 상업이 발달해 화폐가 사용되었다. 상업이 발전하지 못한 지방에서는 쌀과 베 등 물품 화폐를 주로 사용했다.

♣102쪽

4. 예시 답안

임진왜란 이후 농업 기술이 발전하며 생산력이 커졌고, 상업이 발달해 소비가 늘었기 때문이다. 이에 따라 나라 곳곳에서 시장이 열리고, 경제 활동에 참여하는 일반 백성이 늘어나 화폐 사용이 활발해졌다.

5. 예시 답안

흥선대원군은 물가를 상승시켜 백성들에게 고통을 주는 잘못을 저질렀다. 화폐도 다른 물건처럼 많이 찍어 내면 가치가 떨어져 물가가 오르게 된다. 흥선대원군은 왕권을 강화하기 위해 경복궁을 다시 짓고, 외세의 침입에 대비하는 데 돈이 많이 필요했다. 따라서 국가 재정을 확보하려고 화폐를 마구 찍어 냈다. 그러자 물가가 5~6배 치솟았다. 물가가 오르면 가난한 백성들은 살기가 어려워진다. 같은 액수의 돈으로 살 수 있는 물건의 양이 과거보다 훨씬 적어지기 때문이다.

♣103쪽

6. 예시 답안

화폐가 발달하면서 돈 때문에 사람들 사이의 다툼이 생기고, 심하면 남의 돈을 훔치는 범죄로 이어진다. 전화를 통해 남의 돈을 속여서 빼앗는 새로운 금융 사기도 일어난다. 갈수록 수법이 다양해지고 정교해져 피해를 당하는 사람이 늘고 있다. 빈부 격차가 커져 사회적으로 갈등도 심해진다. 잘사는 사람은 돈을 더 벌어 더 잘살고 못사는 사람은 점점 더 못살기 때문이다. 사람들이 돈벌이에만 급급해 가족과 함께하는 시간이 줄어서 가족 사이의 화목도 해친다.

7. 예시 답안

화폐의 도안에 들어가는 인물은 나라에 업적이 크고 국민에게 존경을 받아야 한다. 10만 원권이 나온다면 독립운동가인 김구 선생의 얼굴을 넣고 싶다. 지난 2007년 한국은행에서 10만 원권에 넣을 인물로 선정했지만, 10만 원권 발행이 취소되는 바람에 화폐의 인물로 등장하지 못했다. 김구 선생은 일제강점기에 나라를 되찾기 위해 중국에 세운 대한민국 임시정부를 이끌며 독립 운동에 몸을 바쳤다. 김구 선생이 없었다면 임시 정부를 지키기 어려웠을 것이다. 현대사에서 가장 존경을 받는 인물로 김구 선생을 꼽는 국민이 많은 까닭이 여기에 있다. 따라서 화폐에 얼굴을 넣어 오래도록 기려야 한다.

13. 소득이 많으면 왜 세금을 더 낼까

♣109쪽

1. 예시 답안

행복이가 낸 세금은 100원이다. 물건 값에 붙는 세금은 가격의 10%에 해당한다. 따라서 1000원 가운데 100원이 세금이다.

2. 예시 답안

대통령과 장관, 국회의원, 일반 공무원의 봉급을 주는 데 쓰인다. 학생들을 무상으로 교육시키는 데 사용되기도 한다. 도서관이나 미술관, 공원을 만드는 데도 들어간다. 도로나 철도, 공항, 항구 등의 건설에도 투입된다. 군대를 유지하고 경찰서와 소방서를 운영하며, 저소득층과 장애인 등 소외 계층을 돕는 데도 들어간다.

3. 예시 답안

가난한 사람은 더 가난해지고 부자들은 더 부유해지는 빈부의 양극화가 심해진다. 그러면 열심히 일해도 부자가 될 수 없으므로 노력하는 사람이 사라져 경제 발전이 어렵다. 가난한 사람과 부자 사이의 갈등이 심해지고, 범죄도 증가하게 된다. 저소득층과 소외 계층이 늘어나는 바람에 삶의 질도 떨어진다. 공동체 정신도 약해지므로 남을 돕는 일이 사라지고, 문제가 생겼을 때 서로 협력하지도 않는다.

♣110쪽

4. 예시 답안

나라의 살림이 어려워져 국민이 피해를 당한다. 정부는 세금으로 국민이 편리하고 행복하게 살 수 있도록 나라 살림을 운영한다. 그런데 세금을 내지 않거나 속여서 적게 내면, 나라의 살림이 어려워져 국민 생활이 불편해진다. 그리고 세금을 성실하게 내는 사람이 손해를 보게 되므로 어떻게 해서든 세금을 내지 않으려는 사람이 늘어난다.

5. 예시 답안

부의 대물림을 막고, 불로 소득에 높은 세금을 매겨 근로 의욕을 높이기 위해서다. 부자 부모를 둔 자식들에게 재산이 그대로 돌아가면 자식은 일하지 않아도 계속 부자로 살고, 가난한 사람의 자식은 계속 가난하게 살 수밖에 없다. 따라서 상속 재산이 많을수록 세금을 더 많이 물려 빈부 격차를 줄여야 한다. 그리고 출발선을 동등하게 하려면 부자들에게 거둔 세금으로 가난한 사람들에게 교육 기회를 제공해야 한다. 교육이 가난의 대물림을 끊을 수 있는 중요한 수단이기 때문이다.

♣111쪽

6. 예시 답안

나라의 살림을 맡은 사람들이 세금을 사용하기 전에 꼼꼼히 살피지 않았기 때문이다. 국민이 낸 세금을 쓸 때는 사용하기 전에 꼼꼼히 계획하고, 사용한 뒤에는 제대로 썼는지 확인 절차를 거쳐야 한다. 아프리카의 세네갈에 우물을 파기 전에 식수로 적합한지 확인하는 절차부터 밟아야 했다. 그리고 적합하지 않은 판정이 나오면 다른 곳을 선정해 우물을 파야 했다.

7. 예시 답안

부자들에게 세금을 더 많이 물리면 소득이 감소해 일할 의욕을 잃기 때문에 그 피해가 저소득층에게 돌아간다고 주장하는 사람들이 있다. 하지만 지난 2019년 6월 미국의 최고 부자들은 국가에서 자기들에게 세금을 더 많이 걷으라고 주장했다. 자기들이 더 낸 세금이 기후 변화를 막고 저소득층에게 평등한 교육 기회를 제공하는 데 쓰일 수 있기 때문이다. 자본주의 사회에서는 부자일수록 돈을 더 많이 투자해 더 많은 이익을 낼 수 있다. 따라서 존경을 받는 부자들은 사회에서 번 돈을 사회에 환원해 가난한 사람들의 고통을 덜어 주는 것이 자신들의 책임이라고 생각한다. 우리 사회에서도 부자들이 존경을 받으려면 세금을 더 내는 일을 자랑스럽게 여겨야 한다.

14. 동물 학대 논란에 휩싸인 소싸움

♣117쪽

1. 예시 답안

추석 무렵이면 추수가 끝나고 농사가 마무리되어 농부들과 소가 할 일이 별로 없었다. 따라서 한 해 동안 농사를 짓느라 고생했으니 마을 사람들이 서로를 위로하기 위해 소싸움 행사를 열고 잔치를 벌였다.

2. 예시 답안

옛날에는 농사를 지을 때 소를 많이 이용했다. 따라서 농사에 소를 이용하면서 자연스럽게 생긴 놀이이다.

3. 예시 답안

소싸움은 동물을 학대하며 즐거움을 얻는 비윤리적 행위로 보았기 때문이다. 소는 원래 풀을 먹고 사는 순한 동물인데, 억지로 싸움을 시키는 행위 자체가 동물 학대로 본다. 경기를 하다가 뿔에 받히면 상처가 나서 죽는 소도 있다. 훈련 과정에서 체력을 기른다는 명목으로 초식 동물인 소에게 동물성 사료를 먹여 스트레스를 받게 만들기도 한다.

♣118쪽

4. 예시 답안

일본은 일제강점기에 우리나라를 일본의 일부로 만들려고 했다. 그래서 소싸움 같은 전통 민속놀이를 금지해서 민족 정신을 억누르고, 우리 문화를 아예 없애려 했다. 소싸움을 빌미로 우리나라 사람들이 단합해서 일본에 저항할 것도 염려했다.

5. 예시 답안

논 빨리 갈기 대회를 제안한다. 먼저 소와 사람이 한 팀을 이룬다. 그다음 땅을 갈 깊이와 거리를 정한다. 두 팀 또는 여러 팀이 함께 출발한다. 정해진 깊이대로 땅을 갈면서 가장 빨리 결승선에 도착한 팀이 이긴다.

♣119쪽

6. 예시 답안

소싸움은 약 2000년 전부터 이어져 내려온 우리나라의 전통 민속놀이다. 우리 민족은 일제강점기에 일본의 폐지 압력에도 꺾이지 않고 소싸움을 지금까지 지켜왔다. 세계적으로 봐도 스페인의 투우, 태국의 닭싸움, 터키의 낙타싸움처럼 오래전부터 동물에게 싸움을 붙이는 전통 문화가 있다. 그리고 정부가 민속 경기로 지정할 만큼 전통 문화로 보존할 필요가 있다. 소싸움 대회를 열어 지역에서 벌어들이는 수입과 일자리 창출도 무시해서는 안 된다. 따라서 소싸움을 동물 학대로 볼 것이 아니라 전통 문화로 받아들여야 한다.

7. 예시 답안

소싸움이 동물 학대라는 비난에서 벗어나 전통 민속놀이로 이어지려면 싸움소를 가혹하게 대하면 안 된다. 훈련 과정에서 싸움소의 몸집을 불리려고 먹이를 강제로 먹이지 말아야 한다. 그리고 체력 강화에 좋다고 초식 동물인 소에게 동물성 사료를 먹이는 등 스트레스를 주어서도 안 된다. 너무 무거운 짐을 끌게 하는 등 심한 훈련을 시키는 행위도 금지해야 한다. 싸움소에게 휴식을 충분하게 주고 다음 경기에 내보내도록 출전 횟수를 제한하는 방법도 있다. 경기 시간도 짧게 줄여야 한다.

15. 마야 문명은 왜 멸망했을까

♣125쪽

1. 예시 답안

문명은 인류가 미개한 생활에서 벗어나 지식과 기술을 이용해 이룩한 유산이다. 따라서 문명은 수준이 높고 낮음을 평가할 수 있다. 같은 시대에 살더라도 사회에 따라 건축물이나 무기, 생활 도구 등의 발달 수준이 다르게 나타나기 때문이다.

2. 예시 답안

문명이 발전하기 위해서는 사람이 많이 모여 사는 도시가 만들어져야 한다. 청동기와 철기 등 금속으로 만든 도구를 사용해 생산력도 증대시킬 수 있어야 한다. 문자를 이용해 학문을 발전시키고, 지식을 축적하는 일도 중요하다.

3. 예시 답안

마야인이 옥수수를 주식으로 삼았기 때문이다. 마야인이 사는 열대 밀림에서는 가축을 기르거나 농사를 짓기가 어려웠다. 그런데 옥수수는 재배 기간이 짧은 데다 척박한 땅에서도 잘 자랐다. 수확량이 많은 장점도 있었다.

♣126쪽

4. 예시 답안

마야인들이 사용하던 달력을 보면 수학과 천문학이 매우 발달했다는 사실을 알 수 있다. 마야인은 천체의 움직임을 자세히 관찰해, 천체가 일정한 주기로 지구의 주위를 돈다는 사실을 발견했다. 이러한 관찰을 바탕으로 달력을 만들었다. 마야인이 계산한 1년은 실제 1년과 0.0002일 차이밖에 나지 않았다. 달과 태양의 공전과 자전 주기뿐만 아니라 일식과 월식이 일어나는 날짜도 정확하게 알았다.

5. 예시 답안

마야 문명은 서기 900년대 말에 갑자기 멸망했다. 전문가들은 마야 문명이 멸망한 원인을 800~950년에 발생한 가뭄 때문으로 추정한다. 100년 이상 계속된 가뭄이 식량난과 전쟁, 정치적 불안을 불러왔기 때문이다. 가뭄의 원인은 뜻밖의 기후 변화 때문이었을 것으로 짐작된다. 마야인들은 오랜 가뭄으로 옥수수 등 농작물의 수확량이 감소해 굶주림에 시달렸다. 그리고 식량을 빼앗기 위해 다른 도시와 대규모 전쟁을 벌이면서 인구가 크게 줄었다. 또, 물을 관리하는 책임이 있는 왕의 권력이 약해지자, 마야인들은 살던 도시를 버리고 떠났다.

♣ 127쪽

6. 예시 답안

문자의 사용은 고대 문명의 발전에 큰 도움을 주었다. 문자가 없었던 때에는 경험과 관찰을 통해 얻은 지식이나 기술을 말을 하거나 그림을 그려서 전했다. 따라서 정확히 뜻을 전달하기도 어려웠을 뿐 아니라, 금세 사라지기도 했다. 하지만 문자를 사용하면서부터는 지식과 기술을 정확히 기록해 다음 세대로 전할 수 있었다. 마야인들은 천체를 관측해 얻은 지식을 돌판에 문자로 새겼다. 이러한 내용을 바탕으로 후손들은 새로운 천문 지식을 축적하면서 천문학을 발전시켰다.

7. 예시 답안

미국의 인터넷 업체 구글은 2020년 7월 고대 이집트의 언어를 번역할 수 있는 인공 지능 번역기를 내놓았다. 과거 문명을 연구하면 인류의 역사를 이해하는 데 도움이 된다. 유물과 유적을 발굴하고 보존해서 다음 세대에 전할 수도 있다. 과거의 문명이 언제 어떻게 번성하고 멸망했는지 알면, 오늘날 올바른 선택을 하는 데도 도움이 된다. 새로운 아이디어를 얻을 수도 있다. 과거 사람들이 지은 신화는 소설이나 영화의 소재가 될 수 있다. 그리고 그들이 사용했던 독특한 무늬나 색깔, 모양은 건축물과 생활용품의 디자인에 이용되기도 한다. 유물이나 유적은 인류의 소중한 문화유산이다. 인류는 과거의 유물과 유적을 통해 얻은 지식으로 현재와 미래의 과학과 기술, 예술 등을 발전시킬 수 있다. 새로운 역사를 발견할 수 있고, 잘못 알려진 역사를 바로잡을 수도 있다. 따라서 가치가 큰 유물과 유적은 세계문화유산이나 국가의 문화재로 지정해 보존하고 있다.

16. 조선은 왜 한양을 수도로 정했나

♣ 133쪽

1. 예시 답안

한 나라의 으뜸이 되는 도시이다. 나라의 지도자가 머무르며, 정치와 행정, 교육, 문화의 중심지 역할을 한다.

2. 예시 답안

주로 국가를 새로 세울 때 옮겼다. 백성에게 새로운 국가의 힘을 보여 주고, 기존의 도읍을 중심으로 힘을 키운 귀족의 세력을 약화시킬 필요가 있었기 때문이다. 외적의 침입에 대비하거나 가라앉은 나라의 분위기를 바꾸려고 옮기기도 했다.

3. 예시 답안

큰 강을 끼고 발전했다는 점이다. 외적의 침입을 막기에 유리했고, 뱃길을 이용할 수 있었기 때문이다. 뱃길은 지방에서 세금으로 거둔 쌀과 옷감 등 물품을 도읍으로 옮기기 편리했다. 식수와 농업용수도 쉽게 얻을 수 있었다. 주변으로는 넓은 평야가 발달해 있고, 산을 끼고 있다는 공통점도 있다. 백성이 집을 짓고 농사를 지으려면 평야가 필요했고, 산이 있으면 외적의 침입을 방어하기 쉬웠다.

♣ 134쪽

4. 예시 답안

	도시가 발달한 지역	도시가 발달하지 않은 지역
장점	-기반 시설이 있어 건설비가 적게 든다. -기존의 거주민이 많아서 발전이 빠르다.	-목적에 맞게 정돈을 잘할 수 있다. -지배 세력을 따르는 사람들을 이주시켜 살게 할 수 있다.
단점	-목적에 맞게 정돈하기 힘들다. -지배 세력을 따르지 않는 사람들이 있을 수 있다.	-기반 시설이 없어 건설비가 많이 들어간다. -사람들이 모여 사는 데 시간이 많이 걸린다.

5. 예시 답안

거리가 멀어 소외되는 지역이 적다. 수도에서 지방까지 사람과 물건이 이동하는 데 많은 시간이 걸리지 않아 나라를 효율적으로 다스릴 수 있다 등.

♣ 135쪽

6. 예시 답안

이성계는 불교 문화가 발달했던 고려의 도읍인 개경을 버리고, 백성들에게 유교를 전파하기에 적합하도록 새로운 수도 한양을 만들었다. 이성계는 고려의 신하로 왕을 쫓아내고 나라를 세웠기 때문에 다른 신하에게 자신이 제거를 당할 수도 있다는 두려움이 있었다. 그런데 유교는 임금과 국가에 대한 충성을 강조하므로, 새로운 왕조를 지키고 백성을 다스리는 데 적합했다. 유교는 각자의 자리에서 자기의 신분과 역할에 충실할 때 사회가 발전한다고 가르쳤다. 이에 따라 백성들에게 국가와 임금에게 충성을 다해야 한다고 강조했다.

7. 예시 답안

한양에서 유교 정신을 담은 건축물은 종묘사직과 사대문, 종탑 등을 들 수 있다. 종묘와 사직은 유교에서 가장 중요하게 생각하는 건물이다. 유교의 근본은 효이므로 조상을 모시는 종묘를 중시했다. 땅과 곡식을 나라의 근본이라고 생각해 사직도 중요하게 관리했다. 백성은 이들 건물을 보며 효와 농사의 중요성을 배웠다. 도성의 사대문 가운데 하나인 흥인문의 경우 백성들이 드나들며 충과 효의 근본인 '인'을 배울 수 있었다. 시간을 알리는 종탑인 보신각에는 믿음이 있어야 한다는 뜻의 '신'을 넣어 믿음의 의미를 자주 접할 수 있도록 했다.

17. 세계문화유산이 된 빛의 축제 '연등회'

♣ 141쪽

1. 예시 답안
　불교에서는 부처의 지혜를 등불에 비유한다. 따라서 부처님 오신 날을 전후로 거리에 연등을 매다는 까닭은 사람들이 부처의 지혜를 배워서 다른 사람을 차별하지 말고 평화롭게 살기를 바라기 때문이다.

2. 예시 답안
　연등 행렬은 연등 법회가 끝난 뒤, 거리로 나와 행진을 하면서 시작된다. 사람들은 자신이 직접 만든 등을 들고 거리를 걷거나 지나가는 연등 행렬을 구경하면서 가족의 행복과 나라의 평안을 빈다. 연등 행렬에서는 춤과 노래, 악기 연주 등의 다양한 문화 공연도 함께 열린다.

3. 예시 답안
　고려 시대에는 불교를 국가의 종교로 삼아 중요하게 여겼기 때문이다. 고려의 태조인 왕건은 고려를 세운 뒤 개경의 여러 곳에 절을 세우고, 백성에게 불교를 믿도록 했다. 자손에게는 절을 보호하고 연등회를 꼭 열라는 유언을 남겼다. 불교가 오랜 전쟁으로 갈라진 백성의 마음을 하나로 모으는 데 도움이 된다고 여겼기 때문이다. 또 부처의 도움을 받아 국가를 발전시키고 백성이 평안한 나라를 만들기를 원했다. 후대의 왕들은 왕건의 이러한 뜻을 받들어 연등회를 국가 행사로 삼아 크게 치렀다. 그 뒤 연등회는 전국으로 퍼져 집집마다 등을 달고 소원을 빌었다.

♣ 142쪽

4. 예시 답안
　연등회가 불교 행사에 그치지 않고, 시민과 관광객 등 누구나 어울려서 즐길 수 있는 축제로 발전했기 때문이다. 그리고 천 년이 넘게 이어져 오면서 공동체를 유지하는 데 큰 역할을 했기 때문이다. 연등회를 통해 익힌 소통과 화합의 경험은 국가에 위기가 닥쳤을 때 극복할 수 있는 힘이 되었다. 시대와 상황에 맞게 꾸준히 새로운 모습으로 진화한 점도 높게 평가했다. 사람들이 즐길 수 있는 다양한 문화 체험과 공연, 전시 등의 행사가 풍성하게 제공된다.

5. 예시 답안
　조선은 유교를 국가의 종교로 삼은 뒤 불교를 억압했다. 따라서 조선의 왕들은 고려 시대에 국가의 중요한 행사로 삼아 크게 열었던 정월 대보름(음력 1월 15일)의 연등회를 금지했다. 하지만 백성들 사이에서 '부처님 오신 날'(음력 4월 8일)에 열리는 연등회는 막지 못했다. 수백 년 동안 백성들 사이에서 민속놀이로 뿌리를 내렸기 때문이다.

♣ 143쪽

6. 예시 답안
　종교나 국적에 상관없이 연등회를 즐길 수 있는 다양한 프로그램이 마련되었기 때문이다. 연등회가 열리면 시내 곳곳에서 다른 나라의 전통 문화를 체험할 수 있고, 춤과 무예 등의 공연과 전시회, 다양한 먹거리도 즐길 수 있다.

7. 예시 답안
　무형 문화재가 사라지지 않고 후손에게 이어질 수 있게 하려면, 정부는 무형 문화재의 기능을 보유한 사람을 과학적으로 관리하고 도와야 한다. 그래야 무형 문화재 기능 보유자가 살아 있는 동안에 기능을 배우는 제자를 되도록 많이 길러 낼 수 있다. 따라서 무형 문화재 기능 보유자나 배우는 사람이 다른 일을 하지 않아도 생활할 수 있을 만큼의 돈을 지원해야 한다. 그리고 공연 기회를 가질 수 있도록 문화 행사도 자주 마련해야 한다. 무형 문화재를 전문적으로 배울 수 있는 교육관도 충분히 지어야 한다. 교육관을 열면 주민들이 교육관에서 직접 체험할 수 있는 기회가 늘어나 무형 문화재에 대한 관심이 커지기 때문이다.

18. 불의 사용과 인류 문명의 발전

♣ 149쪽

1. 예시 답안
　저녁에 불을 밝혀 일할 수 있는 시간을 늘릴 수 있었다/음식을 불에 익혀 먹어 건강하고 오래 살게 되었다/집에 화덕을 설치해 추위를 피했다 등.

2. 예시 답안
　옛날에는 불을 인위적으로 일으키기 쉽지 않았다. 그래서 불이 있는 근처로 몰려들어 정착 생활을 시작했다. 집 안팎에 설치한 화덕은 정착 생활을 편리하게 만드는 데 도움을 주었다. 집 안의 화덕은 주로 난방에 쓰였고, 바깥의 화덕은 공동으로 밥을 해 먹는 데 사용되었다.

3. 예시 답안
　-불을 이용해 농사지을 땅을 만들면 식량을 얻을 수 있었다. 물과 나무가 많은 언덕이나 산을 태운 뒤, 땅을 고르게 펴서 농사지을 땅으로 활용했다.
　-불을 이용해 짐승을 쫓아내거나 사냥을 하기도 했다. 횃불을 휘둘러 맹수의 습격을 막았다. 예를 들면 매머드를 위협해 낭떠러지에서 굴러 떨어지게 하면 한꺼번에 많은 고기를 얻을 수 있었다.

♣ 150쪽

4. 예시 답안

	충격법	마찰법
공통점	물건을 이용해 불을 낸다.	
차이점	-부싯돌과 황철광을 이용한다. -세게 부딪쳐서 불을 낸다.	-나무판과 나무막대를 이용한다. -오랫동안 비벼서 불을 낸다.

5. 예시 답안
　불이 잘 붙는 렌즈는 오른쪽 그림의 볼록렌즈이다. 빛은 렌즈를 통과할 때 두꺼운 부분으로 꺾인다. 이 때문에 볼록렌즈를 통과한 빛을 한곳에 모아 온도를 높여 불을 낼 수 있다. 이에 비해 빛이 오목렌즈를 통과하면 가장자리가 두꺼워서 바깥으로 흩어진다.

♣151쪽

6. 예시 답안

　불은 전쟁에 큰 영향을 미쳤다. 철로 된 무기와 갑옷을 만들려면 높은 온도의 불이 필요했다. 불화살을 만들어 화공을 할 때도 불을 사용했다. 총과 대포 등 화약 무기를 쓸 때도 불의 도움을 받았다. 불은 전쟁이 일어나 위급한 상황을 알리는 데도 쓰였다. 일정한 거리를 두고 높은 산봉우리에 봉수대를 만들어 전국을 연결한 뒤, 횃불과 연기를 써서 위급한 상황을 멀리까지 빨리 전했다.

7. 예시 답안

　○○○○년 ○○월 ○○일 날씨 맑음
　날씨가 추운 오늘 하루를 불이 없이 살아야 한다. 불이 없어 어두운 욕실에서 세수를 하는데 수도에서 차가운 물이 나왔다. 평소 물을 따뜻하게 덥혀 사용했기 때문에 불편했다. 좋아하는 계란 프라이도 먹을 수 없었다. 어머니께서는 어제 남겨둔 두부와 김치, 찬밥으로 아침을 차려 주셨다. 학교에 도착하자 선생님께서 컴퓨터를 사용하지 못하고 수업을 진행하셨다. 화력 발전소가 멈춰서 전기가 부족하다고 하셨다. 오랜만에 교과서만 읽으며 수업을 하니 무척 지루했다. 날씨가 추운데 난방도 되지 않아 몸이 떨리고 감기가 걸릴 것만 같았다. 불이 없는 하루가 이렇게 고통스럽고 불편할지 몰랐다. 불이 사람들의 생활에 얼마나 많은 도움이 되는지 알 수 있었다.

19. 문화 다양성 왜 인정해야 할까

♣157쪽

1. 예시 답안

　문화는 사람들이 자기가 소속된 사회에서 배우고 익힌 공통의 생활 양식으로, 의식주나 언어, 종교 등이 포함된다. 문화는 사회나 집단마다 다른 환경에 적응한 결과이기 때문에 모습이 다양하게 나타난다. 따라서 그 가치의 높고 낮음을 평가할 수 없다.

2. 예시 답안

　문화는 같은 사회 안에서도 새로운 물건이 발명되고, 사람들의 가치관이 변하기 때문에 달라지고 바뀐다. 다른 문화권의 사람들과 접촉할 때 새로운 문화가 전파되어 변화하기도 한다. 또 강한 집단이 약한 집단을 지배하는 과정에서 바뀌기도 한다.

3. 예시 답안

　자문화 중심주의는 자기가 소속된 집단의 문화를 가장 우수하게 여겨서 다른 문화를 업신여기는 태도다. 이러한 태도에 빠지면 다른 집단이나 나라와 교류하기가 어려워지고, 결국 국제 사회에서 고립될 수도 있다.

♣158쪽

4. 예시 답안

　사회나 집단은 서로 다른 환경에서 적응하면서 오랜 시간을 살았다. 따라서 문화도 모습이 다양하게 나타난다. 예를 들어 국가별 전통 가옥은 그 지역의 기후에 따라 다르게 짓는다. 사계절이 뚜렷한 우리나라의 경우 여름의 무더위를 피할 마루를 두고, 겨울 추위를 막을 온돌을 설치한다. 이에 비해 일 년 내내 비가 많이 오고 더운 국가는 비가 지붕에 고이지 않도록 지붕의 경사를 가파르게 하고, 습기와 해충을 막기 위해 땅에서 일정한 높이만큼 위로 올려 짓는다. 사막처럼 건조한 지역은 낮에 매우 덥고 밤에는 온도가 크게 떨어지기 때문에 낮에는 열기를 막고 밤에는 열이 빠져나가지 못하게 벽을 두껍게 짓는다. 그리고 폭풍이 일어나면 모래가 들어오지 못하도록 창을 작게 낸다. 극지방에서는 눈으로 벽돌을 만들어 이글루를 짓는다. 지붕 꼭대기에는 구멍을 뚫어 공기를 순환시키고, 찬 공기를 막기 위해 입구를 돔 모양으로 작게 낸다.

5. 예시 답안

　오늘날에는 교통과 통신의 발달 덕분에 다른 문화권의 사람끼리도 교류가 확대되고, 한 사회 안에 문화가 다른 구성원이 함께 살게 되었다. 이에 따라 다른 문화 공동체와 교류가 활발해져 자기 문화의 장단점을 살필 수 있게 되었다. 서로 다른 문화가 합쳐져 새로운 문화가 만들어지기도 하면서 사회는 더 발전하게 되었다.

♣159쪽

6. 예시 답안

　문화 상대주의는 문화마다 고유의 특성과 가치를 지녀 우열을 가릴 수 없다고 생각한다. 이러한 태도는 다른 문화를 편견 없이 받아들일 수 있다. 하지만 지나치면 이슬람권의 명예 살인 등 사람의 목숨을 빼앗고 인권을 짓밟는 관습도 인정하는 문제점이 있다. 따라서 한 국가나 집단의 관습이 문화로 인정 받으려면, 사람의 생명을 빼앗는 등 인간의 존엄성을 해치거나, 인권을 침해해서는 안 된다.

7. 예시 답안

　스위스는 2021년 3월 공공장소에서 얼굴을 가리는 이슬람 전통 복장을 입을 경우 약 1215만 원의 벌금을 물리는 법을 제정했다. 이러한 법은 얼굴을 가리는 사람은 범죄 의도가 있으므로, 테러 등 범죄를 막기 위해 얼굴을 가리는 복장 착용을 금지해야 한다는 주장을 바탕으로 만들어졌다. 하지만 문화의 다양성을 지키려면 다른 문화를 대할 때 편견을 버리고 차별을 해서는 안 된다. 문화적 편견이란 구성원의 피부 색깔이나 종교, 출신 국가의 경제 수준 등을 잣대로 문화 수준을 평가하거나 가치를 매기는 행위이다. 그리고 문화적 차별이란 외국인 노동자와 난민 등 소수자에 대해 교육을 받을 기회를 빼앗고, 임금 수준을 낮추는 등의 사례가 이에 해당한다. 얼굴을 가리는 이슬람 전통 복장을 입은 사람에게 범죄 의도가 있다고 보는 것은 문화적 편견이고, 공공장소에서 이슬람 전통 복장의 착용을 금지하는 것은 문화적 차별이다.

20. 백성들은 왜 『박씨부인전』에 열광했을까

♣165쪽

1. 예시 답안

　결혼 첫날부터 외모만 보고 당신을 멀리했는데, 지난날의 잘못을 평생 사죄하면서 살겠으니 용서해 주시오.

2. 예시 답안

　이득춘은 인조 때 재상으로, 못생긴 며느리를 가족들이 모두 구박하지만 며느리의 바른 심성과 재주를 알아보고 감싸 주는 따뜻한 성격을 지녔다.

3. 예시 답안

　당시 젊은 남녀의 결혼은 자기 의사와 관계없이 부모님이나 집안의 어른이 정해 주는 대로 이뤄졌다. 심지어 박씨 부인처럼 신랑 신부의 얼굴을 보지도 못한 채 결혼하는 사람도 있었다.

♣166쪽

4. 예시 답안

　조선은 임진왜란 때 명나라의 도움을 받아 갚아야 할 빚을 지고 있었다. 이러한 상황에서 청나라가 명나라를 공격하고 있었는데, 자칫하면 뒤에서 조선의 공격을 받을까 봐 마음이 놓이질 않았다. 그래서 청나라는 조선의 발만 묶어 놓으려고 신하의 관계를 요구했으나, 조선이 이를 들어주지 않아 전쟁을 일으킬 수밖에 없었다.

5. 예시 답안

　여성으로서 조선의 군사를 이긴 청나라 군사들을 통쾌하게 혼내주려면 보통 사람의 수준을 뛰어넘는 초인적인 힘을 가지고 있어야 하기 때문이다. 그리고 소설이 인기를 끌려면 신비감이나 호기심을 자극하는 요소가 필요했다.

♣167쪽

6. 예시 답안

　조선의 백성들은 청나라와 벌인 전쟁에 져서 패배감에 빠져 있었는데, 청나라 군사들을 혼내주는 이야기 전개에 통쾌함을 느꼈기 때문이다/남성 중심의 조선 사회에서 무시를 당하고 차별을 받던 여성을 영웅으로 등장시켜 대리 만족을 줬기 때문이다/지배층에 억눌려 살았던 백성들에게 박씨 부인으로 대표되는 피지배 계층의 저항 의식을 보여 줬기 때문이다 등.

7. 예시 답안

　『박씨부인전』의 배경이 된 조선 사회는 사회 활동을 남성의 몫이라고 보아 여성은 아무리 재주가 뛰어나도 벼슬길에 나가지 못하고, 뜻을 펼칠 수가 없었습니다. 이런 상황에서 남성들이 임진왜란과 병자호란을 막아 내지 못하자, 남성 중심 사회를 간접적으로 비판하면서 등장한 소설이 『박씨부인전』입니다. 지금도 과거처럼 여성은 능력이 뛰어나도 회사의 높은 자리에 승진하지 못하도록 막는 조직 내부의 보이지 않는 '유리 천장'이 존재합니다. 여성에 대해 회사 안에서 굳어진 부정적인 생각 때문입니다. 특히 우리나라는 경제 수준이 비슷한 나라들 가운데 유리 천장이 가장 두껍다고 합니다. 이제 인구도 감소 추세로 돌아섰으므로 한 명의 인력이 아쉬운 상황입니다. 과거에는 남존여비의 유교 사회여서 그랬다고 쳐도, 열린 시대인 현대에도 왜곡된 기준과 편견을 가지고 여성을 평가하는 것은 말도 안 됩니다. 따라서 하루속히 유리 천장을 허물어야 합니다.

-끝-

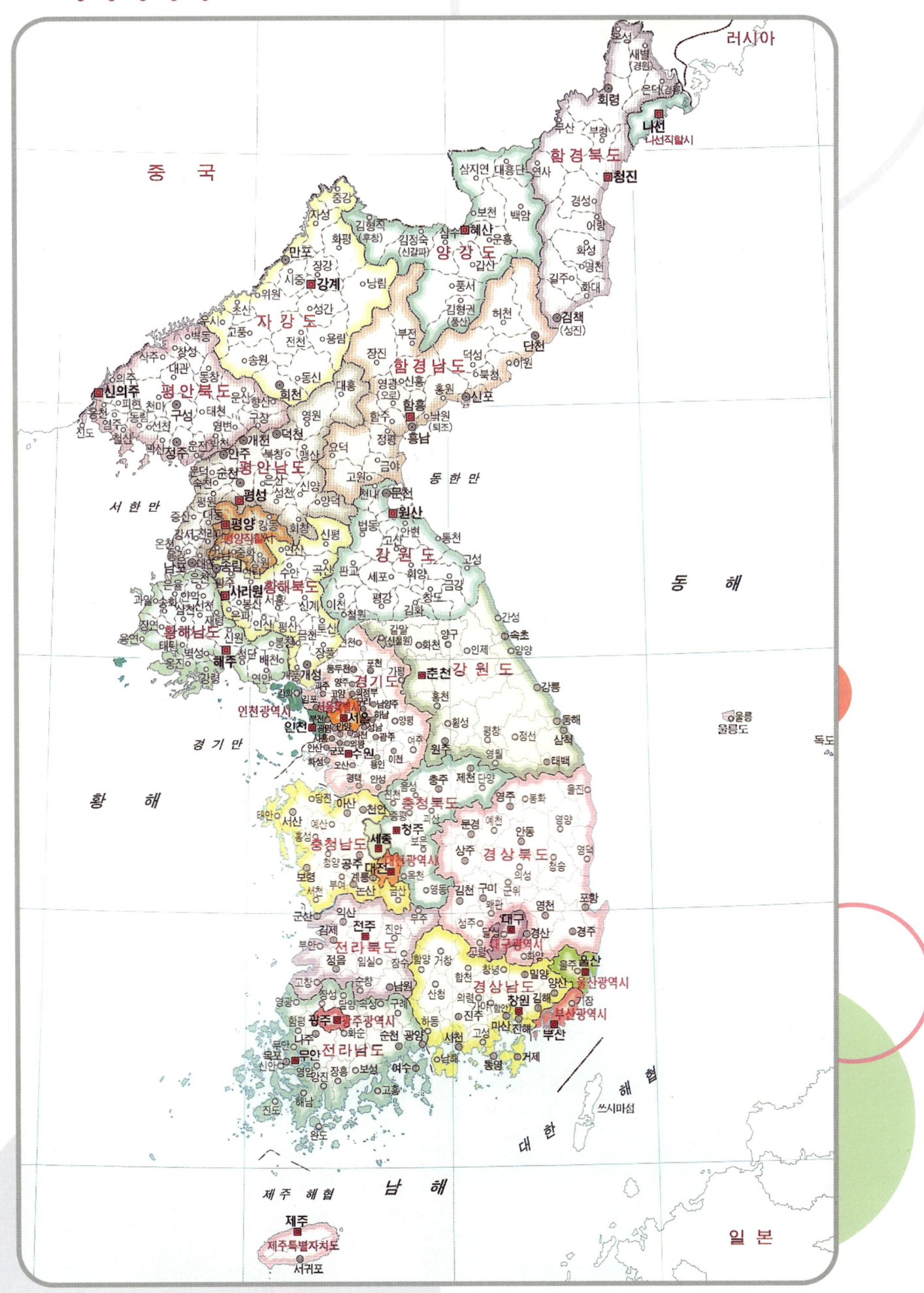

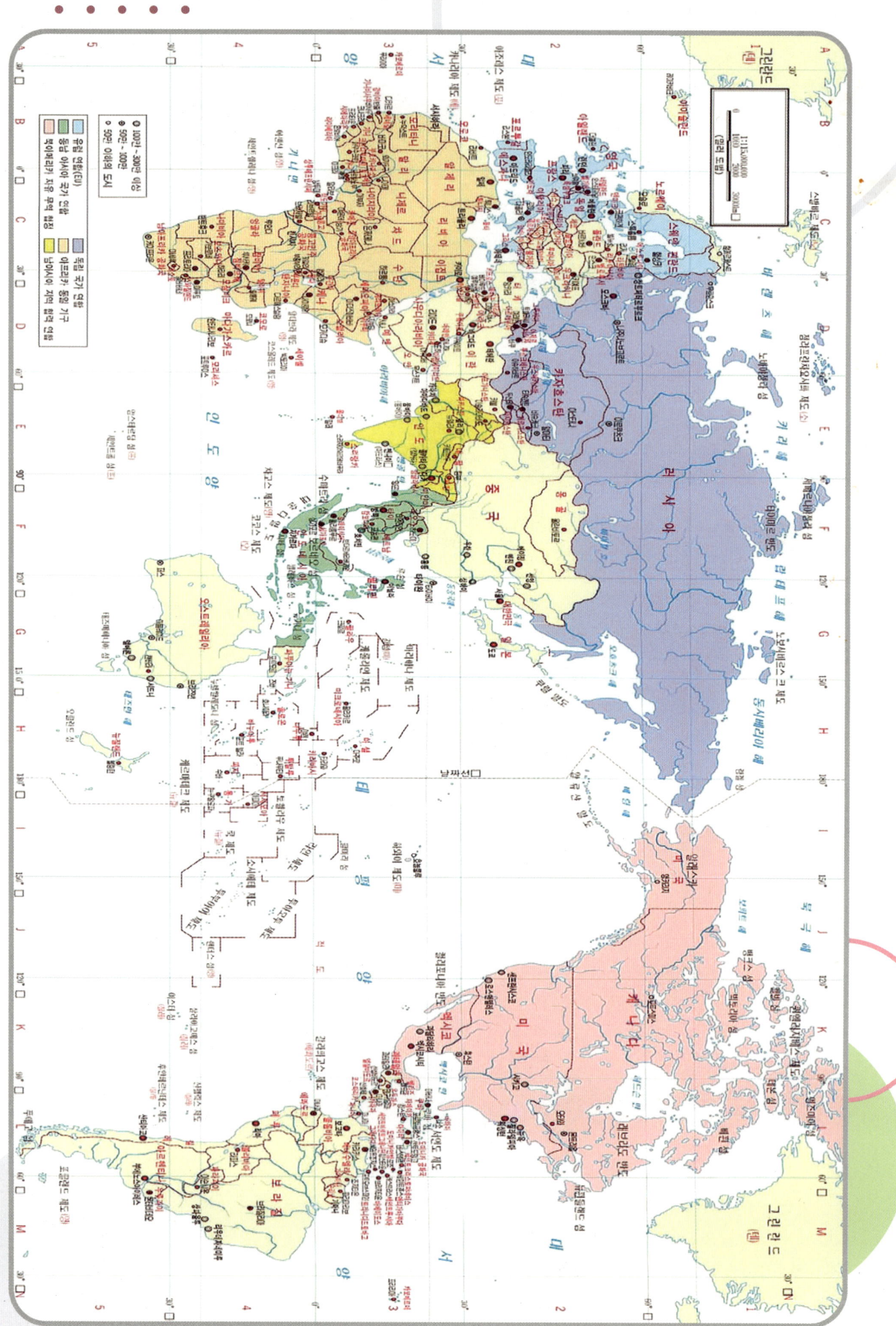